Heinrich Albertz
Am Ende des Weges

Heinrich Albertz

Am Ende des Weges

Nachdenken über das Alter

verlegt bei Kindler

Meiner Frau
und
meinem treuen, geduldigen
Lektor Rolf Cyriax

CIP-Titelaufnahme der Deutschen Bibliothek

Albertz, Heinrich
Am Ende des Weges; Nachdenken
über das Alter / Heinrich Albertz.–
München: Kindler, 1989
ISBN 3-463-40115-0

Umschlaggestaltung: Graupner und Partner, München
Satzarbeiten: Compusatz GmbH, München
Druck und Bindearbeiten: Spiegel GmbH, Ulm
Printed in Germany
ISBN 3-463-40115-0

2 4 5 3 1

Gesetzte Zeiten

Es ist Montag, der 24. Oktober 1988. Die 43. Woche des Jahres hat begonnen. Morgen ist Vollmond. Das alles teilt der Kalender mit, auch daß 298 Tage des Jahres schon vergangen sind. Die Uhr zeigt 9.48 Uhr. Dies ist die präzise Beschreibung von Tag und Stunde. Die Zeit, in der ich lebe. In einem Wohnstift, ein Mann von dreiundsiebzig Jahren. In Bremen, der Freien Hansestadt.

Der Schreibtisch ist eigentlich immer zu klein gewesen. Wenn ich Briefe beantworte, ist er von Papier bedeckt. Wenn ich eine Predigt schreibe, ist gerade noch Platz für die Bibel. Sie reicht ja auch, ohne alles Beiwerk. Dafür ist der Raum groß und hell, mit vielen Fenstern und an den wenigen Sonnentagen voller Licht. Man kann umherwandern zum Nachdenken, von der kleinen Küche bis zum Eßraum, und wenn man will ins Schlafzimmer zu dem breiten Bett. Dem besten Ort für einen alten Mann. Ich liege und sehe die Kronen der Bäume, heute schon fast ohne Blätter. Sie fallen früh dieses Jahr, golden, rot auf die nassen Wege und lassen die schwarzen Äste zurück, die nachts wohl schon frieren.

Zeit und Ort. Zeiten und Orte. Wer hat uns die Kalender verordnet? Ich höre, sie stimmen nicht genau, trotz Schaltjahr und elektronischer Uhren. Sie sagen auch gar nichts über meine Erfahrung von Zeit. Da kann eine Stunde so kurz sein wie eine Minute und so lang wie ein ganzer Tag. Da versinken Jahre im Meer des Vergessens. Wo warst du vor siebzig oder fünfzig oder zwanzig Jahren? Nur im Alter kann man so fragen. Manchmal betreibe ich dieses Spiel, krame in alten Kalendern, die

aber nur bis 1945 zurückreichen. Die anderen sind verschollen, verbrannt. Wann beginnt ein junger Mensch, Kalender zu führen? Die Tagebücher der Jugend mit ihren brennenden Verliebtheiten. Dann die ersten Pflichten, Termine. Lebensdaten. Der Tod von Vater und Mutter. Die Hochzeit. Die Geburten der Kinder, der ersten Enkel. Die Abschnitte des Lebens, die Zäsuren, Ortswechsel, Amtswechsel, Ruhestand. Beginnst du, über dies alles nachzudenken, versinkst du im Strom der Erinnerungen. Ungenauen und sehr genauen. Sehr privaten, nur dir und einem anderen Menschen gehörend, und sehr öffentlichen, in Bildern und Filmen und aufgezeichneten Reden festgehalten. Hier im Hause sind viele alte Menschen, die ihre Schulklasse genau schildern können, aber vergessen, was gestern geschah. Schon gar nicht wissen, welches Datum der Kalender heute zeigt. Kurzzeitgedächtnis. Sie lächeln, wenn man ihnen das Datum des heutigen Tages sagt. »Datum«, das heißt zu deutsch das Gegebene. Was ist gegeben? Eine alte Freundin, Maria, sagt, sie könne sich nur ihr Alter merken, achtundachtzig Jahre, denn sie sei 1900 geboren. 1900. Was hat sie erlebt in achtundachtzig Jahren? Ich werde ihr Leben erzählen. Für die Enkel bist du schon alt, wenn du über dreißig bist. Wollen sie überhaupt etwas über das Alter von den Alten hören?
Damals, 1967, durfte man keine Rede mit dem Satz beginnen: »Bei uns war dies oder das so oder so.« Später hörte man dann plötzlich zu. Zeitzeugen werden wir nun genannt und eingeladen zu immer denselben Berichten. Und kommen dann die runden Daten, meistens schreckliche Daten der nationalen Geschichte, überfal-

len einen die Wünsche zum Schreiben und zu Reden. Jetzt ist die Nacht des Entsetzens an der Reihe, als die Synagogen brannten. Geschichte, Geschichten. Die Zeit und die Zeiten.

Und die Orte. Verschwunden hinter doppelten Grenzen. Von fremden Menschen bewohnt, der Preis unserer Schuld. Fremde Vertrautheiten, vertraute Fremde. Die Städte zerstört und wieder aufgebaut. Im Aufbau noch einmal zerstört. Restauriert. Die schönen Fassaden der Vergangenheit. Und damit die Verschränkung von Zeit und Ort. Denn was ist vergangen und was gegenwärtig? Verdrängt und totgeschwiegen, geleugnet und verschönt, aber das Vergangene doch so gegenwärtig.

Wer fühlt, wie alles zusammengehört, alles und alle? Die jüngsten Enkel noch auf der Schulbank. Lernen sie dasselbe, was wir gelernt haben vor sechzig Jahren? Die älteren auf den Universitäten? Und was haben die anderen, die vielberedeten 68er, in den folgenden Jahren gelernt? Wo sind sie geblieben? Gestern strahlte das 3. Programm der Nordschiene noch einmal das unvergeßliche Gespräch zwischen Rudi Dutschke und Günter Gaus aus. Der strahlende Junge mit den wachsten Augen, die ich je erlebt habe, mit seinen Hoffnungen, Träumen, Illusionen. Wo wäre er heute, was würde er zu mir sagen, dem Alten, hätten sie ihn nicht umgebracht? Einen der besten unter uns, nicht würdig, auch nur eine Assistentenstelle an einer deutschen Universität zu erhalten. Im Ausland gestorben. Wer kennt ihn noch von den Enkeln, den glatten Aufsteigern oder gar von den Alten hier im Hause, den Tätern und Opfern?

Heute ist Montag, der 24. Oktober 1988, das Datum, das Gegebene, in Bremen am Schreibtisch. Eine Stunde habe ich geschrieben. Es ist 10.45 Uhr.

Ich werde also ein Tagebuch schreiben in einem Hause, in dem alte Menschen wohnen, ich einer der jüngsten. Denn die meisten, die hier ihre letzten Lebensjahre verbringen, sind achtzig Jahre und älter. Immer älter werden wir mit teuren Medikamenten und allen anderen Mitteln der modernen Medizin. Und immer später gehen die Menschen, wenn sie es denn tun, in solche Häuser, Wohnstifte, Altersheime. Oft nur, um zu sterben. Alt werden sie nicht mehr genannt. Senioren sind sie – was ja zu deutsch die »Älteren« heißt. Älter ist jünger als alt. Seniorenwohnanlage heißt unser Haus. Ein scheußlicheres Wort gibt es nicht. Aber das Haus ist schön. Großzügig gebaut, mit einer Halle, die vom Erdgeschoß bis in den dritten Stock reicht, mit viel Licht und Luft also. Keine langen Flure. Viele verschiedene Modelle der Wohnungen. Praktisch und geschmackvoll zugleich. Dabei ist es kein Haus für die Betuchten. Die Bremer Bürger können ihr Leben lang vorsorgen für einen Platz in dieser »Bremer Heimstiftung«, von Wilhelm Kaisen gegründet. Freilich: Sobald die Pflege beginnt, also der Dienst der Schwestern an den Kranken und Hinfälligen, reichen die Renten und Pensionen schon nicht mehr aus. Da haben sie dann ihr ganzes Leben gearbeitet und müssen am Ende die Sozialhilfe in Anspruch nehmen.
Wirkliche Vorsorge für diesen ganz natürlichen Ausgang der Jahre gibt es ja nicht. Die große Mehrzahl der Bewohner sind Frauen.

Die Männer sterben nicht nur früher, sie gehören den Jahrgängen an, die in den Krieg getrieben wurden. Von meiner Abiturklasse – fünfzehn Jungen – leben nur noch drei.

Dies ist das Umfeld, in dem ich schreibe, zu dem ich selbst gehöre mit meiner Frau. Ich werde es immer wieder beschreiben. Wen geht es etwas an? Bei meinen Gesprächen mit den Freunden vom Kindler Verlag hat diese Frage eine große Rolle gespielt. Ob die jüngeren, gar die ganz jungen, etwas davon hören wollen, wie man alt wird. Wie man sein Alter annimmt oder sich widerspenstig wehrt, um jung zu bleiben. Wie schwierig es wird, die Verbindung zu halten zwischen den Generationen, sich zu verstehen oder es wenigstens zu versuchen, sich nicht aus den Augen zu verlieren. Und die mittlere Generation, die meint, sie sei schon alt mit fünfzig Jahren, die sich fürchtet, daß es nun bergab gehe, die Angst hat vor dem Ruhestand, dem Rentendasein.
Ich weiß nicht, ob es gelingt. Ich schreibe als einer, der gern alt ist. Auch wenn es schwer wird aufzustehen, auch wenn die Müdigkeit zunimmt, auch wenn die Träume verblassen. Eines sage ich schon jetzt: Wer bewußt gelebt hat, wer wach war, wird es auch im Alter bleiben. Wer den Stürmen nicht auswich, wird die Stille genießen. Die großen, alten Bäume vor meinem Haus sind ganz ruhig und sehr selbstbewußt. Und sie bieten so vielen die Wohnung: Vögeln und anderem Getier. Und halten immer weiter Stamm und Äste jedem Wetter hin.

27. 10. 88

Gestern das große Fest der Alten. In der Stadt feiern sie vierzehn Tage »Freimarkt«, eine merkwürdige Mischung von Schützenfest und Karneval. Hier im Haus wird auch gefeiert, einen Nachmittag und Abend mit viel Musik und Tanz und Essen und Trinken. Es sind die alten Melodien aus den zwanziger, dreißiger Jahren. Aber ein junger Zivildienstleistender tanzt mit seiner Partnerin nach moderner Musik – und die Alten, oh, wir Alten, finden es sehr schön. Und viel buntes Licht ist in den Räumen und viele Geschichten werden erzählt. Und die Schwestern, die ich nach der großen Mühe der Vorbereitung frage, sagen, sie hätte ihnen großen Spaß gemacht. Und niemand ist allein geblieben, auch die, die keinen haben im Haus, mit dem sie sonst sprechen können. Ich schaue zu, wie sie tanzen, ein bißchen steif, aber ganz ungezwungen, nach ihren sieben oder acht Jahrzehnten, diesen Jahrzehnten, in denen zweimal Krieg war und alles andere Entsetzen. Es sind die Tänze ihrer Jugend, damals, 1920 oder 1930. Ja, auf jeden Ball sei sie gegangen. »Ball« sagt sie, die alte Dame, mit glänzenden Augen. Und es war sicher kein geschniegelter Presseball für 100 Mark Eintritt, sondern ein Fest mit den Bürger- und Kaufmannssöhnen. Studenten gab es nicht in Bremen und wohl auch wenige Soldaten. Man konnte beim Tanzen noch miteinander reden. Der Höllenlärm der Diskotheken war noch nicht ausgedacht. Ich erinnere mich an Feste mit jungen Leuten in den siebziger, achtziger Jahren. Sie waren nicht so fröhlich, wie es der gestrige Abend war.

Heute ist für ein paar Stunden der Sommer eingebrochen. Es ist so warm, daß man draußen sitzen kann. Ich sitze also auf meiner Bank, vor mir die große Wiese an der »Kleinen Wümme« (so heißt der Bach), sich sanft erhebend zur Warft, auf der unser großes Haus gebaut ist, groß im Breiten, nicht die Höhe, mit seinen vielen Fenstern und Nischen. Hinter einem wohnt meine Frau in ihrem eigenen kleinen Reich, getrennt von mir. Aber auf eine freundlichere Art beieinander als Tür an Tür. Diese Art Emanzipation ist uns gut bekommen. Ich sitze. Die Enten warten, daß Passanten sie füttern. Ein Esel und ein großer Schimmel stehen hinter ihrem Zaun und warten auch. Die Idylle ist perfekt.
Der niedersächsische Minister des Innern, Herr Hasselmann, ist endlich zurückgetreten. Herr Kohl ist mit seinem Moskaubesuch zufrieden. Zwei Wale wurden nach wochenlangem Kampf aus dem Eis befreit, während in derselben Zeit Hunderte getötet wurden.

28. 10. 88

Am Abend hat Gabi Tiedemann aus dem Kölner Gefängnis angerufen, um den Termin meines Besuches im November zu besprechen. Es war eine so große Überraschung, daß ich Zeit brauchte, um vernünftig zu antworten. Es heißt, die zusätzlichen Sicherheitsauflagen für sie seien nun offenbar aufgehoben. Das ist ein großer Fortschritt. Im zwölften Haftjahr.

29. 10. 88

Mit lautem Hupen fährt ein Auto in die Straße ein. Ich will mich ärgern. Aber dann ist es ein Hochzeitswagen, mit bunten Luftballonen geschmückt, und am Rückfenster hängt ein großes Schild: »Just married«. Es ist morgens gegen zehn. Das Paar kommt mit einem Troß von Gästen offensichtlich schon vom Standesamt zurück.

Meine Frau und ich sind vor fast fünfzig Jahren mit einer weißen Hochzeitskutsche durch die Straßen von Breslau in die Hofkirche gefahren. Aber da waren Berge von Widerständen zu überwinden. Da wehrte sich der Vater der Frau energisch gegen unsere Absicht zu heiraten. Denn ich war ein Nichts, ein Mann ohne Zukunft, Vikar der Bekennenden Kirche, für die Behörden also arbeitslos, von einem Taschengeld aus Kollekten der Gemeinde abhängig. Mein Weg ging in die völlige Ungewißheit. Ich habe diesen Vater gut verstanden, zumal er politisch auf der anderen Seite stand und ihm auch nur das geringste Anzeichen von Kritik an Staat und Partei völlig unbegreiflich war. Warum konnte seine Tochter nicht einen schmucken Offizier oder einen auf Lebenszeit abgesicherten Beamten heiraten statt diesen Aussteiger? Es standen genügend Bewerber vor ihrer Tür.
Der Bruder der Frau, mein bester Freund, fühlte ähnlich. Er hielt mich wohl auch für einen leichtsinnigen Burschen, der nicht mit Geld umgehen konnte – das er gar nicht hatte –, und der wohl auch Angst um seine Schwester hatte, obwohl er mit mir den gleichen Weg

der Bekennenden Kirche ging, ja auf ihm wesentlich konsequenter war als ich.
Da war der Bruderrat – so nannte sich das Kirchennotregiment –, der die Zustimmung zur Heirat versagte, weil ich mein zweites theologisches Examen noch vor mir hatte. Als ob ich dann gesicherter hätte leben können. Aber sie fühlten sich als Behörde und verweigerten mir den Tag Urlaub, so daß ich am Morgen nach der Hochzeit um sieben schon wieder hätte Konfirmandenunterricht geben müssen, wenn ich nicht einfach zu Hause geblieben wäre.
Und da waren die staatlichen Behörden. Meine Frau mußte ihre Geburtsurkunde aus Posen beschaffen, das 1939 gerade noch polnisch war. Das Geburtsdatum in dieser Urkunde stimmte nicht mit dem in ihrem Ausweis überein. Sie feiert bis heute an zwei Tagen Geburtstag. Gesundheitszeugnisse waren vorzulegen. Eine Angstpartie, denn die Mutter meiner Frau war chronisch krank. Aber endlich standen wir vor dem Standesbeamten, der mir eröffnete, er bräuchte uns wohl über den Sinn der Ehe nicht zu belehren, und auf eine Rede verzichtete, nicht aber darauf, uns Hitlers »Mein Kampf« zu überreichen.
Wir waren verheiratet. Aber es gab viele Tränen auf der Fahrt zur Kirche. Ilse hatte Wochen vor dem Termin der Trauung ein Fuhrunternehmen mit Schimmeln gesucht. Sie wollte mit weißen Pferden in die Kirche fahren. Man hatte es ihr zugesagt. Aber dann stand zwar eine weiße Kutsche vor der Tür, nur war sie mit braunen, ziemlich groben Tieren bespannt. Die erste Enttäuschung der Ehe.
Das Hochzeitsessen fand im feinsten Hotel von Breslau

statt. Mein sehr viel älterer Bruder, der tapfere Superintendent von Spandau, war gekommen. Mein Schwiegervater hielt eine Tischrede und schloß sie in seiner Aufregung mit »Heil Hitler«. So waren die Zeiten.
Drei Monate später brach der Krieg aus. Ilses Bruder fiel 1940 in Frankreich. Der Vater kam 1946 auf der Flucht aus Schlesien um. Das Hotel Monopol in Wroclaw ist nicht mehr das beste Hotel der Stadt.
Und wir leben in Bremen. Fünfzig Jahre später. Und wie Till Eulenspiegel lächelt der angefochtene Mann ein bißchen über seine Konkurrenten von damals, die feinen Herren Oberleutnante. Und über Kutsche und Pferde. Ein Wunder: Die Ehe hielt.
Der Bremer Innensenator bleibt trotz der schrecklichen Geiselaffäre mit drei Toten im Amt. Die Nato wird ihre Kurzstreckenraketen modernisieren.

1. 11. 88

Vorgestern der Geburtstag eines Neunzigjährigen, eines Tischnachbarn hier im Hause, gestern abend das große Fest für Bürgermeister Henning Scherf, der fünfzig wurde. Wie in einem Bilderbuch waren die Generationen präsent. Die Geschichten der Alten begannen vor dem Ersten Weltkrieg, die der Jungen nach dem Zweiten. Ich schreibe »der Jungen«, denn fünfundzwanzig Jahre Abstand zum eigenen Alter sind ja schon wieder ein Menschenleben. Wie ja überhaupt für dieses atemberaubende Jahrhundert schon ein Altersunterschied von wenigen Jahren einen Menschen völlig verschieden prägen kann. Wer 1914 und 1918 schon bewußt erlebt hat oder wer erst in der Weimarer Republik erwachsen wurde, wer Hitler voll erlitten hat und Soldat im Zweiten Weltkrieg war, oder die erst 1968 geboren wurden, sie alle haben völlig verschiedene Lebenserfahrungen. Sie alle leben noch zusammen, müssen sich zu verstehen versuchen, miteinander auskommen, Erfahrungen, Hoffnungen und Ängste austauschen.

Nun, da die ersten Seiten dieses Buches geschrieben sind, frage ich mich schon, welchen Sinn sie haben sollen. Ob es wichtig ist zu erzählen, wie es »damals« war, ob es interessiert, wie ein alter Mann das Gegenwärtige beurteilt, da er doch seit Jahren nur sehr von ferne den Ablauf der Tage betrachtet, nicht mehr unmittelbar beteiligt, mit Erfahrungen, die mit ihm alt geworden sind und etwas abgestanden. Ganze Lebensbereiche sind ihm völlig unverständlich, wenn er seine Enkel mit ihren Computern hantieren sieht, ihr Tempo nicht mehr mithalten kann, weil alles viel langsamer geht, das Sehen, das Sprechen, eben auch das Verstehen.

Gestern die Freunde des Bürgermeisters, diese Auswahl von Leuten, die in Bremen jetzt das Sagen haben, aber auch die Maler, Musiker, Architekten unter den Gästen, fast die Hälfte Frauen, auch ohne Quote, sie nahmen mich auf wie einen Vater. Aber in den Gesprächen merkte ich, es waren die Maße und Werte von 1970 und 1980, mit denen ich umging. So vieles hatte sich verändert – und dann eben auch wieder so wenig.

Es stehen mir große Proben bevor. Einmal soll ich die leitenden Beamten der Bremer Schutzpolizei besuchen. Einmal hat mich das Bundeskriminalamt eingeladen, über Motive und Hintergründe des Terrorismus zu

sprechen. Werden wir uns verstehen? Ich bin für sie ja ein Mann zwischen den Fronten. In Mutlangen oder Wackersdorf und in den Gefängnissen befindlich und auch vertraut mit ihren Pflichten und Denkkategorien. Ich habe sehr gezögert, die Einladungen anzunehmen. Seit dem Abenteuer in Aden 1975 habe ich ja unmittelbar nichts mehr mit der Polizei zu tun gehabt, und meine Zeit als Innensenator in Berlin liegt zweiundzwanzig Jahre zurück.
Morgen kommt der Landespolizeidirektor von Bremen zu mir. Das erste Mal wieder ein Uniformierter in meiner Wohnung. Er wird kein ehemaliger Offizier der deutschen Wehrmacht sein wie der Kommandeur der Schutzpolizei in Berlin, Erich Duensing. Der Polizeipräsident des 2. Juni 1967. Auch er längst tot. Neben mir damals der bestgehaßte Mann der Stadt. Die Hasser von damals sind inzwischen fast alle wohletablierte Beamte. Kaum einen von ihnen habe ich in den sozialen Bewegungen der achtziger Jahre wiedergefunden, außer ein paar engagierten Lehrern und Pastoren. Heute war ich in einer Schule und habe nach ihnen gefragt. Es ist nicht viel geblieben von den großen Worten und Hoffnungen von damals.
Wahlen in Israel. Alles deutet auf einen Rechtsruck hin, also auf noch mehr Feindschaft, noch mehr Blut und Tränen.

6. 11. 88

Eine denkwürdige Ausstellung, die ich da zu eröffnen hatte. Elf Schülerinnen und Schüler einer Schule in einer Satellitenstadt von Bremen (die »Vahr« wie das Märkische Viertel in Berlin) hatten in wochenlanger Arbeit mit einer jungen, sehr begabten Künstlerin, Marlies Glaser, und einer Lehrerin die Bilder von Frauen und Männern des Widerstandes an die Wände der Schulflure gemalt: Die Geschwister Scholl, Kurt Schumacher, Dietrich Bonhoeffer, viele tapfere Bremer Bürgerinnen, aber schließlich auch Rosa Luxemburg. Dazu Selbstporträts neben diese Bilder, alles sehr mutig mit leuchtenden Farben. Die ganze Schule war beteiligt, eine Schule mit 20 Prozent Ausländerkindern, vor allem Türken, aber nun auch schon »Deutsche« aus Polen, ohne jegliche Kenntnis der deutschen Sprache. Vorher hatte es auch Naziparolen an den Wänden gegeben – »Heil Hitler« und »Ausländer raus«. Aber das Experiment war geglückt. Keine neuen Schmierereien mehr.
Nun saßen sie hier vor mir, die Jungen und Mädchen, die Lehrer und die Eltern, Angehörige der Bremer Kämpfer der Schreckensjahre. Ich habe selten ein so aufmerksames Publikum gehabt in dieser Breite der Generationen. Es war still wie in einer Kirche. Aber es wurde auch gelacht und geklatscht. Das Bemerkenswerteste: die Bilder, die die Schüler zeigten, ähnelten auf eine bewegende Weise den jungen Gesichtern der Scholl-Geschwister. Sie haben sich erkannt, wiedergesehen. Ich fuhr sehr glücklich nach Hause. Dies ist also möglich, solche Nähe, so viel Verständigung.

Morgen muß ich zu den Führern der Bremer Polizei. Da wird es wohl schwieriger werden.

9. 11. 88

Die Barmer Junge Gemeinde hatte mich für heute in einen Gottesdienst eingeladen. Ich bin nicht gefahren. Aber dieser kurze Text wird am Abend vorgelesen, wenn wir Alten, hoffentlich, der schrecklichen Nacht gedenken:

Ich bedaure sehr, heute, fünfzig Jahre nach der Pogromnacht von 1938, nicht in diesem Gottesdienst in Barmen sein zu können, denn ich habe diese Tage ja in Ihrer Stadt erlebt. Ich war als Reformierter von Schlesien aus an das Predigerseminar in Elberfeld eingewiesen worden, ein Vikar der Bekennenden Kirche wie viele andere auch. Das Predigerseminar war längst verboten. Wir tagten, von der Polizei verfolgt, abwechselnd in immer wieder anderen Häusern, zuletzt – wie schrecklich für das fromme Barmen – im Hinterzimmer eines Nachtlokals. Die Vikare waren, auch aus Gründen der Tarnung, Pastoren der Barmer Gemeinden zugewiesen. Wir haben diese Pastoren und Gemeinden außer zu den Gottesdiensten nicht viel gesehen, aber ich bin jeden Sonntag mit meinen Gasteltern Frowein nach Barmen Gemarke zum Gottesdienst gegangen. Von dem Feuer, das die Barmer Synagoge verbrannte, und den anderen Verbrechen der Nacht habe ich im feinen Viertel der Stadt, oben auf den Bergen bei Froweins wohnend, nichts gemerkt. Wir erfuhren des Entsetzliche am Morgen nach den Verbrechen. Es entstand ja auch kein Lärm. Die Feuerwehren blieben in ihren Quartieren, die Polizei sah zu. Diese Seite des Geschehens war übrigens ebenso schlecht wie das, was SA-Horden selber anrichteten. Denn diese Feuerwehrleute und Polizeibeamten waren ja alle treue Angehörige des öffentlichen Dienstes, zum größten Teil noch in der Weimarer Republik auf ihre Pflichten vereidigt, viele wohl auch Mitglieder der Barmer Gemeinden. Was mag in ihren Köpfen und Herzen vorgegangen sein? Ist überhaupt etwas vorgegangen? Das Berufsbeamtentum, viel gepriesen bis zum heutigen Tage, erfuhr eine seiner schlimmsten Niederlagen. Und dazu gehörten ja auch die Herren Staatsanwälte und Richter. Die Feigheit war perfekt.

Zwar legte sich ein großes Entsetzen über die Stadt, wenn ich es recht erinnere. Aber niemand, oder kaum einer – und wenn, dann nur in äußerster Verborgenheit – half.

Ich habe dann den Gottesdienst unmittelbar nach jenem Donnerstag in der Gemarker Kirche erlebt. Pastor Karl Immer las die Zehn Gebote und das Gleichnis vom Barmherzigen Samariter und betete das Vaterunser. Nach meiner Erinnerung hat er nicht gepredigt, »weil nebenan die Heilige Schrift in der Synagoge verbrannt worden war«. Diese, meine Erinnerung, ist umstritten. Ich kann mir allerdings schwer vorstellen, daß ich an diesem Morgen einer Täuschung anheimgefallen bin. Aber wie dem auch sei: heute würden wir sagen, alle waren »tief betroffen«. Vor unseren Augen war geschehen, was wir längst hätten wissen müssen. Wir wurden von Verbrechern regiert und waren von ihnen als Geiseln genommen. Es zahlte sich schrecklich aus, daß nicht schon 1933 bei der Gründung des Pfarrernotbundes und der Bekennenden Kirche, daß auch nicht auf der berühmten Barmer Synode auch nur ein Wort zur Verfolgung der Juden gesagt worden war. Wir kümmerten uns um getaufte Juden und sahen, bis auf wenige Ausnahmen, über das Entsetzliche hinweg. Auch das fromme Barmen, ja gerade dieses, gehörte nicht zu den Ausnahmen.

Heute können wir nur lernen, daß nichts gefährlicher ist, als zu schweigen, wenn geredet werden muß, und zu handeln, wenn die Mörder durchs Land ziehen. Es hat also wenig Sinn, Gedenkfeiern an die Pogromnacht zu halten, mit neuer Betroffenheit wieder nach Hause zu gehen und dann wieder zu vergessen, wo heute zerstört und gemordet wird, und im übrigen seinen so wichtigen Geschäften nachzugehen.

24. 11. 88

Lange Schreibpause. Erst Müdigkeit. Dann eine anstrengende Reise nach Bonn und Berlin. Das Gespräch mit der Führung der Bremer Schutzpolizei liegt schon lange zurück, wird überlagert von einem ganz anderen Polizeibesuch heute. Ein – sehr höflicher und sympathischer – Beamter des Staatsschutzes vernahm mich wegen einer Unterschrift unter einen Aufruf zur Blockade des Giftgaslagers in Fischbeck. »Aufforde-

rung und Straftaten« heißt das Delikt. Ich bin gespannt, was daraus wird. Jedenfalls bin ich das erste Mal nach 1945 als Beschuldigter vernommen worden. Eigentlich viel zu spät. Der Beschuldigte war also auch Gast zum Reden über Polizei und Demokratie. Zum Glück wurde das Gespräch gleich sehr konkret.
Das Ergebnis war für mich ebenso überraschend wie bedrückend. Der Alltag der Schutzpolizei hat hier im liberalen Bremen ja kaum etwas mit Prügeleien auf den Straßen zu tun. Es kam heraus: 80 Prozent der Arbeit auf den Revieren wird vom Auto bestimmt. Verstöße gegen die Straßenverkehrsordnung und Kraftfahrzeugdiebstähle füllen sie aus. Morgens stehen sie schon an, die Autoanbeter, um ihre Dellen und Kratzer am Lack ihrer Fahrzeuge zu melden – nicht um Täter zu finden, sondern wegen der Versicherungen. Zehn bis fünfzehn gestohlene Autoradios am Tage, in einem Revierbezirk. Und: nur etwa zehn Prozent aller Verkehrsteilnehmer halten sich einigermaßen an die Vorschriften. Höhnischer Kommentar eines durchaus besonnen wirkenden älteren Beamten: »Man sollte alle Vorschriften aufheben, alle Verkehrsschilder abmontieren, die Ampeln ausschalten. Dann mögen die Herrschaften sehen, wohin sie kommen.«
Ein düsteres Bild unserer Ordnungsgesellschaft. Ich kann es übrigens bestätigen. Auf den Fußwegen zu unserem Haus fahren keineswegs nur Schüler und junge Leute, sondern die sogenannten Erwachsenen, die Honoratioren, die neben uns wohnen – Professoren, brave Hausfrauen, vielleicht auch ein Richter oder Staatsanwalt. Doch genug davon.
Der Bremer Innensenator Bernd Meyer ist nun doch

zurückgetreten. Die SPD übt sich in Volksdemokratie und demoliert das Ansehen ihres Bürgermeisters wie einst in Westberlin. Und: Herr Bush ist längst zum neuen Präsidenten der USA gewählt. Das Kleine und das Große.

25. 11. 88

Bonn und Berlin. Die Stadt am Rhein ist mir noch fremder geworden, als sie es beim letzten Besuch vor vielen Jahren schon war. Hier nun, ausgerechnet am Bußtag, eine Predigt zu halten, im vornehmsten Viertel von Bad Godesberg, war nicht einfach. Die Kirche war überfüllt. Alle Generationen. Keiner ging hinaus. Und am Nachmittag gab es noch ein zweistündiges Gespräch. Denn der Text war brisant – von der reichen Gemeinde in Laodicea, die nicht kalt war, nicht warm, sondern lau. Hier die Predigt:

Offenbarung, 3, 14–22
Und dem Engel der Gemeinde zu Laodizea schreibe:
Das sagt, der Amen heißt, der treue und wahrhaftige Zeuge, der Anfang der Kreatur Gottes:
Ich weiß deine Werke, daß du weder kalt noch warm bist. Ach, daß du kalt oder warm wärest!
Weil du aber lau bist und weder kalt noch warm, werde ich dich ausspeien aus meinem Munde.
Du sprichst: Ich bin reich und habe gar satt und bedarf nichts! und weißt nicht, daß du bist elend und jämmerlich, arm, blind und bloß.
Ich rate dir, daß du Gold von mir kaufest, das mit Feuer

durchläutert ist, daß du reich werdest, und weiße Kleider, daß du dich antust und nicht offenbart werde die Schande deiner Blöße; und salbe deine Augen mit Augensalbe, daß du sehen mögest.
Welche ich liebhabe, die strafe und züchtige ich. So sei nun fleißig und tue Buße!
Siehe, ich stehe vor der Tür und klopfe an. So jemand meine Stimme hören wird und die Tür auftun, zu dem werde ich eingehen und das Abendmahl mit ihm halten und er mit mir.
Wer überwindet, dem will ich geben, mit mir auf meinem Stuhl zu sitzen, wie ich überwunden habe und mich gesetzt mit meinem Vater auf seinen Stuhl.
Wer Ohren hat, der höre, was der Geist den Gemeinden sagt!

Liebe Gemeinde – zuerst: Ich muß gestehen, als ich in meinem Pfarrerkalender diesen Text als von den Kirchenoberen zur Predigt für den heutigen Bußtag empfohlen las, bin ich erschrocken und habe eine Weile versucht, ihm auszuweichen. Dieser Text in Bonn zum Bußtag, von mir gepredigt – welch eine Kette von Mißverständnissen und Ärger kann das geben! Aber dann habe ich mich diesem strengen Brief des Verfassers der Offenbarung Johannes nach Laodicea doch gestellt.
Bußtag, in Bonn 1988, und nach dieser vergangenen Woche! Und Laodicea. In einem Kommentar zu unserem Text finde ich die Sätze: »Die Stadt war so bedeutend und rege, daß die Bürger schwerreich und imstande waren, sie nach einer furchtbaren Erdbebenkatastrophe um 60/61 nach Christus aus eigener Kraft

sogleich wieder aufzubauen. Von solchem Geist des ›Wirtschaftswunders‹ sieht Johannes die christliche Gemeinde dort angesteckt.« Soweit das Zitat von Ulrich Wilkens, wahrlich kein Schwärmer.
Laodicea und Bonn. Die christliche Gemeinde hier und dort.
Nun: Der Buß- und Bettag ist ja in seiner Entstehungsgeschichte kein kirchlicher Feiertag. Der preußische König Friedrich Wilhelm III. hat ihn 1816 für die preußischen Lande angeordnet, vielleicht sogar nach einem besonderen Blick auf die neu von Preußen okkupierten Gebiete, das widerspenstige Rheinland etwa, eher gen Westen denn nach dem fernen Berlin orientiert. Sicher hat er, der fromme, fast bigotte König, seine Untertanen zu anhaltendem Gehorsam gegen die Obrigkeit ermahnen wollen. So waren die Zeiten in der heiligen Allianz der reaktionären Herrscher in Rußland, Österreich und eben Preußen.
Aber stellt euch bitte vor, eine Bundesregierung gäbe uns einen neuen gesetzlichen Feiertag zum Nachdenken. Fast unvorstellbar nach den Erfahrungen mit dem 17. Juni.
Aber genug der Geschichte! Der Brief nach Laodicea ist ja nicht an die römische oder lokale Obrigkeit in dieser Stadt gerichtet. Johannes, nennen wir den Seher der Offenbarung so, Johannes schreibt an die christliche Gemeinde, sechzig Jahre nach Jesu Tod. Es ist ein drastischer Brief. »Ich kenne deine Werke, daß du weder kalt noch warm bist. Ach, daß du kalt oder warm wärest. Weil du aber lau bist, werde ich dich ausspeien aus meinem Munde.« Deutlicher geht es nicht.
Stellt euch vor, ein Pastor sagte dies als seine eigenen

Worte, ein Präses in einem Wort an die rheinischen Gemeinden, die Synodalen auf unseren eher betulichen Synoden. Das wäre protestantischer Rigorismus, anmaßend und fanatisch. Und politisch zu den extremen Rändern der Kirche rechts oder links einzustufen.
Aber Johannes sagt es. Er sagt es in der sicheren Erwartung des kommenden Gerichtes und das Ende der Tage und damit des wiederkommenden Christus. Lest die neue Übersetzung »Das A und O« von Walter Jens.
Atemlos wird die Sprache, bis der neue Himmel und die neue Erde Wirklichkeit ist – nach diesen Briefen, nach unserem Brief an die Christen in Laodicea.
Aber eben: Christen in einer existierenden Stadt, in einer konkreten Situation, Christen und Bürger zugleich.
Was heißt da kalt oder warm? Es kann doch nur heißen, daß Menschen, die von diesem Jesus gehört haben, von seinem Leben und seinem schrecklichen Tod wissen und an seine Auferstehung glauben, und denen gesagt wird, daß er wiederkomme, anders als andere leben sollen – eben die Lauen, die Angepaßten, die Mitläufer, die Ja-und-Amen-Sager, die Opportunisten aller Ränge und Farben, die Leute, die immer bei den stärkeren Bataillonen sind, also letztlich die Ängstlichen und Furchtsamen, denen nichts so wichtig ist wie ihre eigene Karriere, ihr Aus- und Einkommen, ihr Vergnügen. Aber auch die sogenannten Linken, die sich so viel auf ihre besseren Einsichten einbilden. Kalt oder warm, das heißt ja oder nein sagen können, nicht immer nur »jein« oder sowohl als auch, oder vermutlich oder wahrscheinlich, oder einfach nur »weiter so«, ja

keineswegs nur die Parole *einer* Partei. Das Mitlaufen wird offensichtlich besonders gefährlich in einer reichen Umgebung, wie der Erfolg, wie unser Wiederaufbau, wie der Stolz auf die eigene Leistung, wie unser voller Bauch: »Du sagst, ich bin reich und habe alles im Überfluß und brauche nichts und weißt nicht, daß du elend und jämmerlich bist, arm, blind und bloß.«
Oh, liebe Freunde, das auch nur vorzulesen als ein Pastor mit einer Bürgermeisterpension in dieser Stadt Bonn-Bad Godesberg, wo der Mensch eigentlich erst im höheren Dienst anfängt und ab einer bestimmten Autoklasse ernst genommen wird. In einem der reichsten Länder der Welt. Nach einer Katastrophe (wie in Laodicea) wieder aufgebaut. Eine Festung überzeugter und überzeugender Sicherheit. »Elend und jämmerlich, arm, blind und bloß.«
Man geniert sich fast, ins einzelne zu gehen. Aber wo sind wir Christen – und wir haben, wie ihr doch immer wieder hört, auch eine christliche Regierung –, wo sind wir allesamt, wenn wir uns den Ansprüchen Jesu stellen, wenn wir die Geschichte der Bibel, der ganzen Bibel, also auch die Bibel des Juden Jesus, das Alte Testament, lesen? Ich brauche es gar nicht auszusprechen. Die Einwände kommen schon, ehe ich es ausgesprochen habe. Wo kommen wir hin, wenn wir die Bergpredigt ernst nehmen? Das Gleichnis vom barmherzigen Samariter, vom verlorenen Sohn? Denkt nur an die elende Gnadendebatte. Da ist einer nicht gnadenwürdig. Und das will dann der Generalbundesanwalt bestimmen. Ja, wo kommen wir hin? Wenn wir statt unserer angeblichen Sicherheit wirklich die ersten Schritte zur Abrüstung machen? Wenn wir endlich

begreifen, daß wir nicht ohne die Schöpfung Gottes, die Natur aber ohne uns leben kann? Wenn wir unseren Reichtum teilten, nach außen zu den verhungernden Völkern, mit deren Armut wir noch glänzende Geschäfte machen, nach innen mit dem Drittel unseres Volkes, das an unserem Reichtum keinen Anteil hat? Wenn wir barmherzig sein könnten und traurig, wo es not tut, und streng, wenn es gilt, Gesetze zu schaffen und durchzusetzen, um Leben von Menschen und Tier und Pflanze zu bewahren. Wenn es um den einfachen Versuch ginge, die Zehn Gebote einigermaßen zu halten? Wenn Freiheit nicht zur Freiheit des Rasens auf den Autobahnen verkäme? Wenn jene regierten, die wir mit der Regierung beauftragt haben, und nicht die Großindustrie oder die Banken?
Wenn also Glaubwürdigkeit einen anderen Wert bekäme als in Kiel oder Hannover oder Bremen oder hier in Bonn? Wenn vor allem im Umgang mit unserer Geschichte uns die Leiden der Opfer mehr interessierten als die Motive, die die Täter entschuldigen könnten? Ja, wo kommen wir hin? Das sind doch nicht irgendwelche Miesmacher oder Querulanten, die solche Fragen stellen, sondern das sind die Fragen, die uns das Wort Gottes stellt, damals in Laodicea und heute in Bonn-Bad Godesberg.

»So setze nun alles daran und kehre um.« Ja, »kehre um«, heißt es hier. Es scheint sich also um eine Kehrtwendung zu handeln, die 180° vertragen kann. Jedenfalls eine Richtungsänderung. Ein Drehen am Hahn, der das Wasser kalt oder warm machen kann. Aufstehen also und sagen, was ist, hinschauen und nicht blind vorübergehen.

Der Verbrecher Hitler hat doch nur regieren können, weil wir Alten – bis auf einige, viel zu wenige Ausnahmen – zu feige waren. Vor allem die, die Instrumente hatten, ihm in seinen Anfängen Einhalt zu gebieten, die Waffen hatten, die sich verweigern konnten. Aber wir waren blind, elend und jämmerlich. Generale, Richter, Staatsanwälte, Lehrer und die klugen Professoren. Und wir, wir Christen zuerst und zuletzt. Ach, Laodicea und seine Gemeinde. Ach, die Bundesrepublik Deutschland und die Evangelische Kirche (von Rom ganz zu schweigen).

Haben wir eigentlich schon einmal nachgedacht, wie abhängig wir sind vom Reichtum der Reichen? Wenn Axel Springer aus der Kirche austrat und plötzlich Millionen Steuern fehlten? Wenn wir uns mit den Großen und Mächtigen anlegen, die diese Kirche finanzieren?

Vielleicht ist darum das Christsein in der DDR so viel glaubwürdiger und so viel ernster zu nehmen als unser gutbürgerliches westliches Christsein.

So – und nachdem wir das alles bedacht haben, dürfen wir die letzten Verse unseres Briefes lesen: »Siehe, ich stehe vor der Tür und klopfe an. Wenn jemand meine Stimme hört und die Tür auftut, werde ich zu ihm hineingehen und das Mahl mit ihm halten und er mit mir..... Wer Ohren hat, der höre, was der Geist den Gemeinden sagt.«

Ich habe, ich brauche dem nichts mehr hinzuzufügen. Viel wichtiger ist, was uns jetzt gleich unter Brot und Wein gegeben wird. Amen.

(Predigt in Bonn-Bad Godesberg am 16. 11. 1988)

Am nächsten Morgen für zwei Stunden ins Gefängnis nach Ossendorf. Gabi Tiedemann und ich sitzen in einem hellen Raum, dem Dienstzimmer einer Beamtin. Ich erfahre von neuem, wie frei ein Mensch werden kann nach so langer Haft. Frei sicher nicht von Schuld, aber von Selbstgerechtigkeit und Illusionen. Ein Mensch, viel menschlicher als die meisten von uns draußen in unserer sogenannten Freiheit, abhängig und gehetzt. Die Gefangene hat nun endlich ein Leben in einer Wohngruppe von sieben Mitgefangenen. Sie darf eine Katze halten, ein lebendiges Wesen in der Zelle, das zuweilen durch das Oberfenster entschlüpft, aber wiederkommt, immer wieder. Welch einfaches Glück.

27. 11. 88 – 1. Advent

Berlin – seltsam, in diese so vertraute, so fern gerückte Stadt als Gast hineinzufahren. Die Maschine aus Bonn landet noch in strahlender, kühler Sonne in Tegel. Dann nach ein oder zwei Kilometern plötzlich dichter Nebel, der immer dunkler wird, das scheußliche Kongreßzentrum schon gar nicht mehr zu erkennen, die Autos fast im Schrittempo, immer dichterer Smog, dann am Wannsee wieder weißer Nebel. Alles verfremdet, schattenhaft, ungenau. Abends weigert sich der Taxifahrer – sehr höflich, aber bestimmt –, in die Stadt zu fahren. Meine Frau und ich nehmen die S-Bahn, der Bahnhof Wannsee wie fast alle anderen im Umbau, Nottreppen, Holzwände, Baumaterial. Der Zug sauber und hell, aber das ganz alte Modell aus den dreißiger

Jahren. Die Geräusche der Kindheit, unvergeßlich über Jahrzehnte. Bahnhof Savignyplatz, ein Tunnel, den Kafka hätte beschreiben müssen – dann plötzlich die Schlüterstraße ohne einen Fetzen Nebel. Der Ku'damm. Westdeutsche Touristen, laut und leicht ordinär. Sehr grelle Freudenmädchen. Und dann: »Copenhagen«, das wohl erste ausländische Restaurant in West-Berlin. Unverändert altmodisch. Wie 1953. Die süßsauren Heringe, sehr köstlich, haben noch dieselbe Bestellnummer 13. Wir sitzen auf den roten Plüschbänken und erzählen uns die alten Geschichten. Die alten Freunde sind längst tot – zum Beispiel Ernst Lemmer, der hier Skat spielte –, nur noch ein Ober, den ich von früher kenne. Eiskalte Luft beim Heimfahren.

Das Kleine Gästehaus der Evangelischen Akademie am Wannsee. Mönchszellen, aber völlig ausreichend. Vor dem Fenster ein paar Kiefern und das Wasser. Kreischende Enten. Keine Boote mehr. Morgens auf dem Landesteg nichts von Stadt und Lärm und Gestank. Eben doch Heimat. Einunddreißig Jahre. Der »Tagesspiegel« wie immer. Ein bißchen gehobener Zeigefinger. Aber sonst doch ganz zufrieden mit der Stadt. So kann man noch hundert Jahre Inselzeitung sein.
Der Geburtstag des Freundes, Manfred Karnetzki, sechzig Jahre, feiert über zwei Tage, mehr offiziell im Haus der Kirche, mehr fröhlich in Schlachtensee, dann noch einmal in einem akademischen Seminar. »Die Krise der Kirche, die Krise des Sozialismus.« Ich leite mit einem kleinen Vortrag ein, werde kritisiert wegen meiner Bemerkungen über die DDR und ihren ärgerlichen Rückfall in schlimme Jahre. Nur ein Russe und ein

Filmemacher aus der Hauptstadt Berlin verstehen mich.
Zwei Besuche dicht am Herzen. Ich zögere zu schreiben: bei meinem alten Hund und bei Bischof Scharf. Aber es war so. Die geliebte Kreatur, der geliebte, großartige Mann. Da sitzen wir und reden – gar nicht von alten Zeiten. Der nun 86jährige und ich. Er jünger als die ganze Versammlung der intellektuellen Leute am Abend zuvor. Voller Hoffnung. Ohne eine Spur von Resignation. Samstag Gottesdienst in Schlachtensee. Totensonntag. Altar und Kanzel – das Holz faßt sich an, als hätte ich es gestern berührt. In der vollen Kirche lauter vertraute Gesichter nach den Fremden in Bonn. Aber wieder drei Generationen. Ich rede vom Tode.

Offenbarung, 21, 1–7
Und ich sah einen neuen Himmel und eine neue Erde; denn der erste Himmel und die erste Erde verging, und das Meer ist nicht mehr.
Und ich, Johannes, sah die heilige Stadt, das neue Jerusalem, von Gott aus dem Himmel herabfahren, bereitet als eine geschmückte Braut ihrem Mann.
Und ich hörte eine große Stimme von dem Stuhl, die sprach: Siehe da, die Hütte Gottes bei den Menschen! und er wird bei ihnen wohnen, und sie werden sein Volk sein, und er selbst, Gott mit ihnen, wird ihr Gott sein;
und Gott wird abwischen alle Tränen von ihren Augen, und der Tod wird nicht mehr sein, noch Leid noch Geschrei noch Schmerz wird mehr sein; denn das Erste ist vergangen.
Und der auf dem Stuhl saß, sprach: Siehe, ich mache alles neu! Und er spricht zu mir: Schreibe; denn diese Worte sind wahrhaftig und gewiß!

Und er sprach zu mir: Es ist geschehen. Ich bin das A und das O, der Anfang und das Ende. Ich will dem Durstigen geben von dem Brunnen des lebendigen Wassers umsonst. Wer überwindet, der wird es alles ererben, und ich werde sein Gott sein, und er wird mein Sohn sein.

Liebe Gemeinde – Dieser große herrliche Text, die Vision eines neuen Himmels und einer neuen Erde, die Vision vom Wohnen des lebendigen Gottes mitten unter uns, vom Neuwerden alles so alt gewordenen – ist dieser Text nicht ein wenig zu groß und zu schnell für eine Predigt am Sonntag der Toten? Nun, unsere weise Kirche spricht ja schon seit Jahren vom Ewigkeitssonntag. Die gute und belehrende Absicht ist deutlich erkennbar. Aber leistet sie nicht dem allgemeinen Trend Vorschub, so wenig wie möglich, oder am besten gar nicht vom Tode und von den Toten zu sprechen, jenem, wie ich meine, menschenunwürdigen Wegsehen auch hier, jenem schnellen Vergessen, jener Unfähigkeit zu trauern, die nun auch schon zum Schlagwort geworden ist.
Ich wohne nun seit zwei Jahren in einem großen, sehr schönen Haus, das offiziell »Seniorenwohnanlage« heißt – welches Wortungetüm neudeutscher Sprache – mit eben diesem lateinischen Anfang, der schon das »Alt«-sein nicht offen auszusprechen wagt. Alt will ja auch niemand mehr werden. Die Anbetung der Jugend nimmt groteske Formen an, und auch wir Männer machen dabei fröhlich mit. Und vom Sterben redet niemand. Im Haus Riekestraße in Bremen werden die Toten nachts eingesargt und durch den Garagenkeller aus dem Haus gefahren. Niemand sieht sie mehr. Ihr

Platz im Speisesaal, ihr Bett in der Pflegeabteilung ist plötzlich leer. Und sehr schnell wieder besetzt.

Nein, vom Tode will niemand mehr sprechen. Aber ich weigere mich, nun gleich vom neuen Leben zu reden, wenn so viel Trauer unter uns ist, auch wenn wir so schwer trauern können. Dabei soll sich doch niemand seiner Tränen schämen, auch heute in diesem Gottesdienst nicht, wenn so viele unter uns an ihre Toten denken. Wie viele mögen es gewesen sein in diesem Jahr allein in Schlachtensee? Wie viele mögen jetzt unter uns sein, die um einen geliebten Menschen trauern? Der Mut, traurig zu sein, von Tod und Sterben zu reden, gehört zum Leben. Auch und gerade unter den Alten, die doch wissen, daß die Jahre kürzer werden, der Docht bald verlischt. So im innersten Kreis, im sogenannten Privaten, dicht am eigenen Herzen.
Aber so eben auch öffentlich! Nach der verunglückten Rede des bisherigen Bundestagspräsidenten, keines Antisemiten, im Gegenteil, eines glaubwürdigen Freundes der Juden und des Staates Israel, ist ja doch dies das Erschreckende: In einer Stunde äußerster Trauer, öffentlicher Trauer, im Angesicht der Opfer, werden ausführlich die Motive der Täter analysiert – ja, übrigens weitgehend zutreffend –, aber der Berg der Toten bleibt fast unerwähnt, die Trauer wird fast akademisch vorgetragen, die ermordeten Juden haben kein Gesicht, keine Geschichte. Und Herr Jenninger scheint dies alles bis heute nicht verstanden zu haben. Nur: Wer wirft den ersten Stein? Die Verdrängung von Tränen, Leid, Geschrei und Schmerz – so unser Text als die genaue Beschreibung unseres Lebens und Sterbens – ist die

Grundlage für das unbekümmerte »Weiter so« aller Parteien und Gruppen geworden und wirkt bis tief in unsere Kirche und unsere Gemeinden hinein. Totensonntag, Trauersonntag, lassen wir es doch bitte dabei.

Denn nur, wenn wir uns der nüchternen Realität unserer sterbenden Welt stellen, können wir uns ja dem Seher Johannes stellen und unseren Text, heute und hier, und als letzten Trost auf den Friedhöfen aufnehmen: »Ich sah einen neuen Himmel und eine neue Erde. Und der erste Himmel und die erste Erde sind vergangen und das Meer ist nicht mehr.« Das also ist das Ende. Nicht irgendeine Katastrophe, sondern die unvorstellbare Verwandlung der Welt in eine Existenz, die Leben in der Nähe unseres Schöpfers bedeutet, wir bei ihm und er bei uns: »Siehe da, die Hütte Gottes bei den Menschen.« Wir erinnern uns des rührenden Bildes von allem Anfang des Lebens, als Gott durch den Garten geht, in dem die beiden ersten Menschen wohnen, dem Garten Eden, dem Paradies. Das Ende kehrt also zum Anfang zurück. Der Anfang wird das Ende. »Sie werden sein Volk sein und Gott selbst wird bei ihnen sein.« Wir kennen seinen Namen nicht, wir kennen nur den Namen seines Sohnes. Die Offenbarung Johannes ist ja das Buch von seiner Wiederkehr. »Amen, ja komm Herr Jesus«, so heißt der letzte Satz dieses Buches und damit der Bibel. Wir werden ihn sehen, an den wir geglaubt haben, von dem wir wenigstens gehört haben, irgendwann einmal gehört.
Die Welt der Tränen, des Leides, von viel Geschrei und Schmerz wird nicht mehr sein. Die Welt des Todes ist überwunden. »Denn das Alte ist vergangen«.

Das alles, liebe Gemeinde, ist fast unvorstellbar, aber es wird uns hier vorgestellt. Der Vorhang zerreißt. Es ist kein Zufall, daß die Christen, die auf dieser Welt am meisten zu leiden haben unter der dreisten Dummheit der Herrschenden, in Afrika, in Süd- und Mittelamerika, offensichtlich von dieser letzten Hoffnung leben. Ja, daß diese letzte Hoffnung ihnen die Kraft gibt, mit dem neuen Leben in ihrem Kampf gegen Tränen und Leid und Tod zu bestehen und ihn durchzuhalten. Der kühle, saubere Wind aus dieser neuen Welt weht schon hinein in unsere Welt der Ausbeutung und Unterdrükkung, unserer rücksichtslosen Geschäftemacherei und unserer immer flacheren Vergnügen. Spüren wir ihn auch?

Begreifen wir auch das Letzte, was uns gesagt wird: »Siehe, ich mache alles neu. Ich bin das A und das O, der Anfang und das Ende.« Nicht unsere Lebensdaten, unsere Uhren und Kalender, unser Zeitbegriff ist noch wichtig. Die Zeit hört auf, indem sie in seine Ewigkeit eingeht. Das ist das frische Wasser, von dem hier die Rede ist, das Lebenswasser. Sauberes, sauberes Wasser, nach allem Schmutz, den wir täglich trinken und essen und atmen.

Ja, und da steht noch ein kleines Wort, das wir meist überlesen: »umsonst«. Er will uns das alles geben, umsonst. Nicht auf Grund unserer Anstrengungen und Leistungen, nicht auf Grund unserer Geschäftigkeit und unserer bürgerlichen Wohlanständigkeit. Nein, umsonst! Ich komme gerade wieder aus einem Gefängnis in Köln, von einer Frau, die schwere Schuld auf sich geladen hat und nun seit elf Jahren erste Hafterleichterungen erhielt. Irgendwann einmal wird auch sie vor der Möglichkeit einer Gnadenentscheidung stehen. »Umsonst«. Gnade gehört in die neue Welt, nicht in die Denkkategorien des Generalbundesanwaltes. Die neue Welt kann nicht gekauft werden. Aber sie läßt sich auch nicht aufhalten.

Und dies alles nun am Totensonntag gesagt. Zu den Trauernden. Im Angesicht des Todes, der uns täglich begleitet. Es ist der einzige, aber auch der zuverlässige Trost, den ein Christ einem anderen Menschen und sich selbst geben kann. Draußen auf den Friedhöfen, aber eben auch täglich, wenn wir an unseren eigenen Tod denken. Ja, nun ganz zum Schluß so gesagt: welche Herrlichkeit unter Tränen, welche Hoffnung in unserer Welt des Untergangs, welche Hilfe bei jedem Abschied. »Wer überwindet, der wird das alles zu eigen bekommen. Und ich werde sein Gott sein, und er wird mein Sohn sein« – und sie meine Tochter, füge ich hinzu. Aber sonst kein Wort mehr. Amen.

(Predigt in der Johanniskirche, Berlin-Schlachtensee, am 20. 11. 1988)

Am Montag dann fährt uns mein Schwiegersohn noch eine Stunde durch die Stadt. Die neuen Bauten der letzten Jahre, das Scharoun-Viertel, Kreuzberg. Man sieht wenigstens, wo die Millionen der Jubeljahre geblieben sind. Manches ist schön, manches unverständlich und manieriert. Durch Moabit und Wedding zum Flugplatz. Da ist sie wieder, wie sie immer war: die häßliche, riesige Stadt. Häßlich und geliebt.

Eine Stunde später, die Weser in der Sonne, Bremen.

Klein, überschaubar, nicht geschlagen bis heute von den Absurditäten des verlorenen Friedens. Die letzten Blätter sind inzwischen vom Sturm der Nacht zuvor gefallen.
Es ist erster Advent. Die Autos der »Kinder« fahren in unaufhörlicher Kette vor. Kinder, das heißt Fünfzig- oder Sechzigjährige. Sie bringen ihren alten Müttern, manchmal den Eltern, manchmal dem einsamen Vater ihre Kerzen, Tannenzweige, Kuchen. Einige sind sehr schnell wieder zurück von ihrem Besuch. Einige nehmen die Alten mit nach Hause zum Essen. Auch Enkel sind dabei, Urenkel. Sie kommen gern zu uns. In der Halle gibt es einen Springbrunnen und einen kleinen Bach, auf dem sie ihre mitgebrachten Boote fahren lassen. Nachmittags wird die Cafeteria – im Speisesaal – überfüllt sein.
Abends dann ist das Haus wieder leer und still. Durch einige Türen dringt der Lärm der Fernseher, laut gestellt. Das Hören ist schwierig geworden. Um zehn Uhr brennt kaum noch ein Licht. Dann beginnen die Träume. Wie es war, als sie noch mit ihren Kindern Advent feierten, die alten Lieder sangen. Manche sind ja nicht freiwillig hierher gekommen, wurden abgeschoben aus den gemeinsamen Wohnungen. Wer versteht das nicht, wie die Nerven belastet werden in solchen Häusern, so nah beieinander. Aber es schmerzt wohl sehr.
Maria müssen wir sagen, daß heute der erste Advent ist, der erste ohne ihren Mann. Das Übrigbleiben. Die egoistische Furcht davor. Der Wunsch, als erster zu sterben. Die Männer sind ja ohne Zweifel hilfloser, ein Leben lang betreut, ja bedient von den Frauen, die

keinen Beruf hatten als diesen, für Mann und Kinder und Enkel da zu sein.
Wir leben unter ihnen, fast die jüngsten, mit Mitte siebzig. Ich gehe durch sie alle hindurch, ziemlich stumm, Ilse kennt inzwischen fast alle, ist für sie da. Am Ende des Weges eine richtige Pastorin. Ohne fromme Sprüche.

9. 1. 89

Der Sturz

Stürzen, stürzen, wohin? In tiefes Dunkel. Du kommst am ersten Advent in dein Zimmer, schaltest die Lampen ein, nimmst die Brille ab, um in dem guten, alten Stuhl zu lesen, der schon in Breslau in deinem Schülerzimmer stand, siehst ein Stück Papier am Boden, willst es aufheben, es entgleitet deinen Händen, du bückst dich noch einmal, dann ist alles finster. Ein Sturz, der, wie ich inzwischen weiß, hier im Haus bei uns alten Leuten immer wieder vorkommt. Meist ein Schlaganfall, manchmal weniger Ernstes. Ich habe ihn nun hinter mir, gehöre zu den schon einmal »Gestürzten«, und bin eigentlich jetzt erst richtig aufgenommen in die Gemeinschaft der Alten, für die ich ja immer viel zu jung war, viel zu schnell ging und ohne Stock. Nun gehe ich langsam, immer noch ein wenig taumelig.
Das Besondere an solchen Unfällen ist ja, daß sie in einer Sekunde das Leben verändern. Damals, als 1958 ein betrunkener amerikanischer Offizier frontal meinen Volkswagen rammte, damals, als ein paar Monate

nach dem Flug nach Aden sich die Netzhaut des linken Auges löste, und nun wieder. Diesmal mit viel Blut, überall Blut, auf dem Hemd, an der Tür. Wie in einem »Tatort«-Film, wenn die Erschlagenen entdeckt werden. Der Anblick des Gestürzten muß schlimm gewesen sein. Zuerst für meine Frau, die ich, zum Telefon kriechend auf allen vieren, herbeirief, und dann für Pfleger und Schwester.

Der Notdienst in Bremen funktioniert. Nach zwanzig Minuten haben sie mich schon auf eine Bahre geschnallt. Es ist merkwürdig, liegend über die vertraute Straße zu fahren, Asphalt, Kopfsteinpflaster, dann wieder Asphalt, aber ohne jeden Blick nach draußen. An der Notaufnahme fragt der Pförtner: »Herr Pastor, wie sehen Sie denn aus?« Ja, wie sehe ich aus, auf die Nase gefallen, wirklich auf die Nase? Dann der kleine Operationsraum der HNO-Station. Sogar der Professor war da, weil er zu einem anderen Verletzten gerufen worden war, ein fröhlicher Mann, der einmal kräftig zudrückte, daß es vernehmlich knirschte und noch mehr blutete: »Das können Sie vergessen, das wächst von selbst wieder zusammen. Aber das andere.« Das andere war ein linker Arm, der nicht mehr funktionierte, und der Kopf, der Kopf. Eben schwindelig. Der Professor empfiehlt sich. Eine junge Ärztin übernimmt die schmerzhafte Prozedur der Tamponade. Verklebt die Nase bis zu den Augen hinauf. Ich sehe später im Spiegel den Chef des Roncalli-Zirkus als Clown. Dann endloses Röntgen bei völlig uninteressierten jungen Ärzten. Sonntagsdienst.

Als ich endlich nach drei Stunden in meinem Bett liege, die geliebte Frau gegangen ist, die Nachtschwester mich verlassen hat, denke ich an das kleine Stück Papier, das ich aufheben wollte. Ich denke an den 121. Psalm: »Er wird deinen Fuß nicht gleiten lassen.« Nun, mein lieber Herr, nun ist er geglitten. Aber darüber nachzudenken, wie anspruchsvoll es ist, den Schöpfer Himmels und der Erden für unsere selbstverschuldeten Stürze in Anspruch zu nehmen, bin ich viel zu müde und erschöpft.

Ich schlafe nicht. Ich sehe mich in dem unvertrauten Krankenzimmer um. Ich habe die Gardinen nicht schließen lassen. Ein Garten muß vor dem Fenster liegen, zu ebener Erde. Die Geräusche der nahen Hauptstraße sind fern. Es ist übrigens ein katholisches Krankenhaus, in das sie mich eingeliefert haben. Ich weiß, daß ich es gut haben werde. Nirgendwo ist man besser aufgehoben als Patient, als ein evangelischer Pastor, als bei diesen Glaubensschwestern, Franziskanerinnen. Auch wenn man vom heiligen Franziskus mehr hält als vom Papst. Die Schwestern, die Ärzte, die mich betreuen, sind freilich keineswegs katholisch, bis auf eine Ausnahme. Wie soll das auch anders sein in dieser protestantischen Stadt? Aber der Ton ist merklich anders als in den großen städtischen oder staatlichen Kliniken, im Umgang mit den Kranken und untereinander. Viel freundlicher, fröhlicher, menschlicher. Die erste Nacht will nicht enden. Es ist barmherzig, daß der neue Tag schon um sechs Uhr morgens beginnt. »Wie haben Sie geschlafen, Herr Pastor?« »Gar nicht, fast gar nicht.« Der erste Gang ins Badezimmer ist sehr schwierig, aber ich will mich nicht waschen lassen. Die Prozedur dauert fast eine Stunde, dann ist das Bett ein Hafen, kühl und köstlich.

Genug davon. Elf Tage im Krankenhaus sind nichts Besonderes. Aber von der Rückkehr ist zu berichten: wie ich nun neu aufgenommen wurde in das Haus der Alten, nicht nur mit freundlichen Begrüßungen, sondern mit einer Art verständnisvoller Begutachtung und Nachfrage: Wann der Schwindel komme, ob ich nicht doch besser den Stock benützen wolle, und vor allem: keinesfalls solle ich mich noch einmal bücken. Ich gehöre also, anders als vor dem Sturz, zu dieser Gemeinschaft, in der keine Art von Behinderung als verdächtig gilt.
Umgekehrt ist ein gewisser Hochmut verflogen, der mich früher ungeduldig werden ließ, wenn es bei anderen so langsam voranging – beim Einsteigen in den Fahrstuhl, beim Einkaufen vor dem Kiosk, im Speisesaal. Ja, es geht langsamer, und es geht auf eine seltsame Weise verschwommen zu. Außer am Schreibtisch und im Bett ist eigentlich nirgendwo ein fester Platz. Der erste Gang allein zum Zeitungshändler ein großes Abenteuer, das Warten in einer Schlange vor den Schaltern der Post und Bank eine Mühsal. Ich entdecke plötzlich, in welchen Geschäften Stühle zum Ausruhen stehen, und nehme sie gern in Anspruch. Ich habe sie früher nie wahrgenommen. Vor allem aber die Beobachtung der Behinderung bei anderen Bewohnern des Hauses ist nicht mehr, wie noch auf den ersten Seiten dieses Buches, distanziert und bestenfalls mitleidig. Ich sehe plötzlich mit großem Respekt, wie die anderen mit viel größeren Schwierigkeiten als ich mit ihrem Alltag umgehen. Die Frauen und Männer im Rollstuhl, jene, die an zwei Stöcken gehen müssen, die Leute, die nur noch sehr schwer hören und sehen können. Es ist die

alte Erfahrung: Du mußt es selbst erlebt haben: im Gefängnis Gefangener gewesen sein und nicht nur Besucher, einfacher Soldat im Kriege und nicht Oberleutnant oder gar General, du mußt die Heimat selbst verloren haben.
Das Signal dieses Sturzes ist sehr hilfreich gewesen. Ich genieße jeden Tag als ein Geschenk. Daß ich Weihnachten feiern durfte zu Hause, daß die Freunde aus Berlin kamen wie jedes Jahr an Silvester, daß wir wieder zusammensaßen abends, im Amtsfischerhaus im Schnoor, einer gar nicht hochgestochenen Kneipe. Und daß ich Wein trinken darf und die Pfeife rauchen.

Als dann noch eine Enkelin kam, siebzehn Jahre und sehr schön und jung und lebendig, war dies zwar anstrengend, aber eben auch intensiver erlebt als noch vor einem Jahr. Freilich wuchs auch das Erstaunen, wie nah und zugleich weit weg ihre junge Welt war, wenn sie von ihren Freunden erzählte, in großer Offenheit. Die Probleme sind dieselben wie zu meiner Schülerzeit. Aber schon die Sprache hat sich völlig verändert, in der sie von ihren Erfahrungen berichtet. Sie ist viel nüchterner, viel weniger verklemmt, manchmal schockierend deutlich. In ihrem Portemonnaie bewahrt sie das Bild eines Rock-Stars, der Weltgeltung hat, und dessen Namen ich nicht einmal kenne. Und was wir in der Schule schlicht Arbeitsgemeinschaft nannten, heißt jetzt in Berlin »Profilkurs«. Als sie beim Abschied ins Taxi steigt, um zum Flughafen, nein, natürlich zum Airport, zu fahren, erscheint das Kind wie eine Dame von Welt. Im Frühling wird sie mit ihrer Klasse in Paris sein. Oh, wenn ich an meine Schulfahrten der 4. Klasse ins Glatzer Bergland denke! Aber die Ansprüche sind ganz selbstverständlich. Eine Schwester von ihr beschwert sich bei den Großeltern, daß sie ihr nicht längst, wie wohl bei ihren Freundinnen üblich, ein Auto geschenkt haben. Ein Bruder ist zu einem Flug in die Karibik eingeladen, um dort auf einer Jacht mit Freunden die Inseln zu besuchen. Ich habe ihm geschrieben, wenn er volljährig wäre, würde ich gerne ein paar Wochen in Nicaragua oder Bolivien bezahlen, damit er dort bei Aufbauarbeiten oder bei terres des hommes helfe.

Ein anderer Enkel, der älteste, freilich berichtet von den aufmüpfigen Studenten in West-Berlin, deren einer Anführer er zu sein scheint. Es ist herzerfrischend und sehr vertraut. Anders als 1968, aber doch mit der gleichen Phantasie organisiert. Ich sehe heute mit Sorge in der Zeitung, daß nun wieder die Polizei am Werke ist. Ich dachte, der Lernprozeß wäre auf beiden Seiten fortgeschritten.

Was ist alles passiert in der Zwischenzeit: die Katastrophe in Remscheid, der Streit um die Tiefflüge, die Heuchelei um Biblis, um den Export von Atomfabriken, um das Giftgas. Der Tenno ist tot. Wir haben ein neues Jahr, die Japaner sogar das Jahr 1 einer neuen Zeitrechnung.

Maria

Es ist alles wie mit Tüchern verhangen: die Fenster, die noch offenstehen, der Tisch, auf den die Schwester gerade das Frühstückstablett gestellt hat, die Sehkraft schlecht trotz der scharfen Brille. Welcher Tag ist heute? War gestern Sonntag? Haben mich meine Freunde besucht? Warum bin ich eigentlich hier? Und wo ist mein Mann? Ja, in Bremen bin ich. In Bremen, weit weg von meinen Schwestern, allein. Der Schwindel ist wie das Gehen auf einem schlingernden Schiff, auf einer sich nach unten neigenden Planke über den Bach. Es ist warm, es strömt, und die Augen zittern. Ich vergesse fast alles, alles, was gestern war, alles, woran ich vor fünf Minuten noch dachte. Der Doktor redet von Kurzzeitgedächtnis und gibt mir Medikamente, deren Namen ich nicht kenne, und die mir nicht helfen. Er sagt: Wer 88 Jahre alt ist, kommt selten an diesem Zustand vorbei. Der Körper ist noch gesund, viel zu gesund, aber der Kopf, der Kopf, den habe er noch nicht im Griff. Im Griff, sagt er. Er greift den Kopf. Er ist sehr freundlich. Auch seinen Namen vergesse ich.

Achtundachtzig Jahre. Das ist leicht zu merken. Das Alter geht mit dem Kalender. 1900 geboren. Ja, an die frühe Zeit in Berlin erinnere ich mich. An die ganz frühe. Berlin-Lankwitz, und die Mutter und die vier Schwestern. Und den Garten. Und die ersten Schuljahre. Und niemand fragte, ob Vater oder Mutter Juden waren. Wir waren evangelisch, und ich ging in den Konfirmandenunterricht.

Dann wird das Gedächtnis schon schwächer. Wenn meine Freunde mich fragen, wann wir Deutschland

verließen, sich erkundigen nach den Jahren in England, werden die Antworten ungenau. Aber als ich Fritz heiratete, war ich glücklich. Sie haben diesen deutschen Juden zunächst in Australien interniert, die feinen Engländer. Als er zurückkam, nahm ich ihn auf. Mit ihm bin ich zurückgegangen. Sehr früh. Er trug keine britische Uniform wie andere Deutsche. Dann irgendwann, lange nach seiner Emeritierung, ging es nicht mehr. Ja, es ging wohl nicht mehr mit meinem Gedächtnis und dem Laufen und dem Treppensteigen. In Baden-Baden. Ich wollte nicht weg, nein, ich wollte nicht weg. Und nun in Bremen. Warum in Bremen? Und er ist gestorben, kaum daß wir hier waren. Die Freunde kamen und sagten es mir. Morgens. Das Frühstückstablett stand auf dem Tisch.
Sie haben mir einen Fernsehapparat gebracht und ein Rundfunkgerät und erklärt, wie man sie bedient. Aber ich vergesse, wie es geht. Manchmal rufen die Schwestern an, aus England, aus Österreich. Manchmal besucht mich eine von ihnen. Den Freunden will ich nicht zur Last fallen. Lieber an einem Tisch mit Fremden sitzen, die mich nicht kennen, nicht so viel fragen, nicht so freundlich sind und immerzu Ratschläge geben. Ich bin kein Kind. Ich bin eine uralte Frau. Für nichts und niemanden nütze. Ich will endlich sterben. Aber keiner hilft mir dabei.
Die Tücher werden immer dichter.

Wir stehen daneben und können wenig helfen. Wir erinnern uns an die schöne, geistreiche Frau in ihrer Berliner Zeit, als Fritz dort Professor war. Von Tiburtius und mir der Freien Universität mehr oder minder

aufgezwungen, wie ja die guten Hochschullehrer oft oktroyiert werden müssen. Er war ja nicht habilitiert. Nein, dazu hatte er keine Zeit. Er hatte in England anderes zu tun. Er, der ausgewiesene Erwachsenenbildner, mußte die Kriegsgefangenen, seine Landsleute, des deutschen Juden Landsleute, auf ein anderes Deutschland vorbereiten. Mit wieviel Erfolg? Adolf Grimme hat ihn nach Deutschland geholt, die erste Heimvolkshochschule in der Göhrde, einem alten Landhaus in der Lüneburger Heide aufzubauen. Den alten Jugendbewegten, den Mann von »Neues Beginnen«, den religiösen Sozialisten.
Es war Zufall, daß er mit Maria in unser Haus geriet. Nach vierzehn Tagen schon mußte er ins Krankenhaus. Nach noch einmal vierzehn Tagen war er tot. Ich habe ihn fast jeden Tag besucht. Er wußte wohl, daß er sterben würde. Er sprach fast heiter von seinem Tode. Nur: Maria ließ er allein, ohne Kinder und Enkel.

Die Einsamkeit ist die schwerste Last in diesem Hause. Und die Tücher des Vergessens sind eine Gnade.

13. 1. 89

Sie waren wohl die einzigen Juden hier im Hause, auch die einzigen Emigranten, soweit ich dies übersehen kann. Wären es mehr, hätten sie wahrscheinlich Verbindung aufgenommen mit meiner Frau und mir, so wie einige wenige alte Damen, die sich zur SPD bekennen oder Mitglieder aus der Bekennenden Kirche waren oder einfach an anderen Nachrichten interessiert sind als die, die man im Lokalteil des »Weserkurier« findet. Die Altenheime, einfache und ganz vornehme, sind ja die Refugien der Täter- und, natürlicherweise, der Mitläufergeneration. Täter, was heißt Täter? Hier wird niemand einen anderen umgebracht haben, es sei denn als Soldat an der Front. Die Frauen waren, wenn sie denn berufstätig gewesen sind, zumeist Lehrerinnen, ein paar Fürsorgerinnen – so hieß das damals –, ein oder zwei Ärztinnen. Die anderen waren oder sind noch die Frauen ihrer Männer. Das Thema der Schreckensjahre ist fast für alle ein Tabu. Wie sollte dieser zufällige Ausschnitt aus dem Bremer Bürgertum sich anders verhalten als das Volk im ganzen? Sie erzählen natürlich von den »schlimmen Jahren«, den Bombenangriffen, den Evakuierungen, erst durch die Deutschen, dann durch die Amerikaner, vom Hunger natürlich auch – Nazi ist niemand gewesen. Dabei zeigen jüngste Veröffentlichungen über die Freie Hansestadt Bremen, wie munter es hier zugegangen sein muß mit der Verfolgung von Juden und anderen Staatsfeinden.

Nun – hier im Hause ist dies alles kein Gesprächsthema. Eine Mehrheit der Bewohner wird CDU wählen, eine Minderheit SPD. Aber das ist es ja nicht. Unter der Decke von Vergessen und Verdrängen kommen dann manchmal, ganz selten, verräterische Vokabeln zum Vorschein. Die »Polacken« zum Beispiel, deren Schmutz man als Leiter des deutschen Postamtes 1939 in Hohensalza – Inowroclaw – kennengelernt habe. Die Freude über die Angriffe auf England damals – und vor allem die ungebrochene Furcht vor der »roten Gefahr«. Ich bin natürlich ein »roter Pastor«, was nicht hindert, freundlich mit mir zu sein und meinen »Guten-Morgen«-Gruß zu erwidern. Aber es gibt auch hier ein oder zwei Ausnahmen. Und die Terroristen sind natürlich einfach Kommunisten. Und mit denen geht Albertz um! Wie gesagt – nichts Besonderes, durch Reden von Reagan und Wörner und Scholz und Zimmermann unterstützt – aber eben geballt: meine Generation. Eigentlich ist diese tägliche Erfahrung nützlich für die kritische Selbstbetrachtung. Was hast du eigentlich getan? Wie oft bist du Kompromisse eingegangen?

Eine große Freude ist es für mich, daß mich nun regelmäßig Hans Alfken besucht, bald neunzig Jahre, aufrecht wie ein Gardeoffizier. In der Weimarer Republik Kommunist, Mitglied der »Roten Kapelle« wie Adolf Grimme, nach dem Krieg unter Grimme der Leiter der Jugendabteilung im Niedersächsischen Kultusministerium. Zu meiner Zeit also. Vor kurzem erzählte er mir, daß er seine Beamtenurkunde abgeben wollte, weil man ihm – nach Grimmes Zeit – einen Nazi vor die Nase gesetzt hatte. Er weigerte sich, diesen Mann als Vorgesetzten anzuerkennen. Er hatte Erfolg. Ich habe unter Hinrich Kopf, der in diesen Dingen ein krasser Opportunist war, mit zwei ehemaligen Nationalsozialisten im Kabinett gesessen, dem Nazi-Bürgermeister Schellhaus von Bad Salzbrunn, der mein Nachfolger als Flüchtlingsminister wurde, und dem Wirtschaftsminister Ahrens, dem Reichskommissar Hitlers für Salzgitter. Weggeschaut habe ich, ja mehr. Die beiden waren umgängliche Leute.
Wenn Alfken in mein Zimmer tritt, von Hannover herübergereist, wird es hell im Zimmer. Er, der über-

zeugte Agnostiker, hat mein Buch »Miserere nobis« besser verstanden als viele Christen. Wenn er dann geht – ich sehe ihn, wie er gerade und aufrecht den kleinen Pfad zum Autobus verschwindet, bin ich ein bißchen beschämt – und ermutigt. Auch alte Männer können noch Vorbilder haben. Aber bald wird er mich wohl allein lassen – oder ich ihn?

14. 1. 89

Am nächsten Wochenende – zum Geburtstag – will mich mein Sohn besuchen. Ich freue mich so sehr.
Gestern sind wieder zwei Tiefflieger abgestürzt, in unserer Nähe, im Übungsgebiet Ostfriesland, wenige hundert Meter neben einer Schule, voll mit Kindern und Lehrern. Zwei Stunden nach dem Unglück rasten sie schon wieder über die rauchenden Trümmer hinweg. Sie sollen nur so weitermachen! Eines Tages wird die Mehrheit dieses so gutgläubigen Volkes diesen Uneinsichtigen die Quittung geben dafür – hoffentlich. Aber die Unverschämtheit, mit der sie immer weiter die Bürger unseres Landes in mörderische Gefahr bringen, ist kaum noch rational zu erklären. Man übt Angriffsflüge auf den Flughafen Wittmund. Vielleicht ähnelt er einem Platz in Mecklenburg. Oder hat die Rote Luftwaffe schon Wittmund erobert? Keine Frage nach dem Sinn dieses Unsinns. Die Zeitungen schreiben, es sei ein Freitag, der dreizehnte, gewesen. Schluß damit, der Zorn schwemmt meine Gedanken weg.
Was heißt »Gedanken«? Kann ich hier in Frieden an meinem Schreibtisch sitzen? Es ist Samstag nachmit-

tag, es ist ganz still in unserer Straße. Die Stunden zwischen dem Tee und dem Augenblick, in dem Ilses Schritte, die ich schon von ferne erkenne, den Abend ankündigen und damit jene fünfzehn Minuten, in denen uns genau dosiert und ohne eine Regung im Gesicht des Sprechers oder der schönen Sprecherin die Nachrichten des Tages vorgelesen werden von gelbem Papier und vor wechselnden Hintergründen. Nur am Schluß, beim Abschied, dürfen sie lächeln. Oder steht es in ihrer Regieanweisung? Gleichgültig, was sie uns gemeldet haben, Tausende von Toten in Armenien, die Ölpest in Alaska, jede nur denkbare Katastrophe, jedes dumme Geschwätz der Akteure der Nation, sie lächeln uns an und sagen: »Die nächsten Nachrichten senden wir um 22.30 Uhr.« Welche werden es sein? Es gibt Leute, viele gute Freunde von mir, die verzichten längst auf das Ritual der »Tagesschau« oder von »Heute«. Weil sie wissen, daß sie fast immer belogen werden? Oder weil sie meinen, sie könnten ihr Leben führen, ihre Hoffnungen, Träume haben an diesen Nachrichten vorbei? Die berühmten 68er glaubten das wohl. Die Studenten, die in diesen Tagen wieder Unruhe stiften, scheinen klüger zu sein. Der Enkel schickt mir aus Berlin ihre »Streikzeitung«. Die ist sehr nüchtern. Er hat selbst einen Artikel darin geschrieben, in dem er offen zugibt, das sei natürlich kein »Streik«, den sie da vorbereiten, das bewegt nichts und niemanden im Ernst, wenn sie nicht selber zeigen, was sie wollen, was sie können. Beigelegt ist das Manuskript für ein Ersatzseminar. Ich verstehe den Text nicht ganz. Aber er überzeugt auch mich Laien davon, wie stark die Informatik mit allem zu tun hat, mit allem. »Die Vernetzung der Stadt« ist das Papier überschrieben. Der Brief macht mich froh. Der Enkel ist klug und witzig und warmherzig dazu. Am Schluß seine Frage nach so viel Politik und Wissenschaft: »Wo bleibt mein Kochtopf?« Er ist unterwegs. Der »Sturz« verbietet mir noch eine Weile alle öffentlichen Auftritte. Aber Radio Bremen hat mir angeboten, jeweils zehn Minuten am Abend zu sprechen, in Abständen von vier Wochen oder auch vierzehn Tagen. Das ist sehr freundlich. Eben Bremen.

15. 1. 89

Die Uhren gehen falsch. Die Turmuhr unserer schönen barocken Dorfkirche geht fünf Minuten, die im Hause, ein Nachlaß einer Verstorbenen, mit ihrem hellen Klang eine Viertelstunde vor, wahrscheinlich, damit wir pünktlich zum Essen kommen. Ich versuche, wenigstens einen Teil Stephen Hawkings Buch »Eine kurze Geschichte der Zeit« zu verstehen. Jetzt rächt sich meine völlige Verachtung von Mathematik und Physik in der Schule. Aber die Uhren stimmen nicht. Das kann man auch bei ihm lernen. Es ist tröstlich.
Im übrigen lesen. Wir sind auf eine bequemere Art gekommen: große Literatur, von bedeutenden Schauspielern gelesen, ist herrlich anzuhören. Stundenlang Fontane. Man sitzt nur und hört zu. Nichts kann überlesen werden. Jetzt ist freilich Camus an der Reihe mit seinem »Fall«. Man wird dann ganz klein mit dieser eigenen, bescheidenen Schreiberei.
Mit Helmut Kindler telefoniert. Ein paar alte Freunde leben noch.

Der Kreis derer, die die Anfangsjahre der Republik, ja noch die entscheidenden Jahre vor dem Inkrafttreten des Grundgesetzes erlebt haben, die Menschen kannten, die damals regierten, wird immer dünner. Ich merke es an den Wünschen, die mich erreichen, dieses oder jenes zu beschreiben. Der nächste Abschnitt dieses Buches soll darum den Toten gewidmet sein, die damals Verantwortung trugen, und denen ich begegnen durfte, der wohl Jüngste, ein Außenseiter, ohne ihre Erfahrungen aus der Zeit von Weimar, lernbegierig und unwissend zugleich. Die folgenden Skizzen sollen persönliche Eindrücke wiedergeben, kleine Lichter im Dunkel der Vergessenheit sein. Schumacher, die Ministerpräsidenten, die toten Berliner Bürgermeister, Adenauer und Ollenhauer, Dibelius. Ich will es versuchen.

Kurt Schumacher

Das Haus in der Odeonstraße in Hannover war ein häßlicher Mietblock mit steilen Treppen, ohne irgendeinen Anflug von Freundlichkeit. Ich habe es jahrelang als Sitz des Bezirksvorstandes der SPD erlebt mit Egon Franke als Vorsitzendem. Damals aber, gleich nach der Katastrophe, der Befreiung, war es ein Mittelpunkt für den Anfang erster Schritte in den Neuanfang demokratischen Aufbaus, vielleicht der Mittelpunkt überhaupt. Denn die anderen politischen Parteien begannen erst später, sich zentral zu organisieren. Der Mittelpunkt aber war ein Mensch, der Mensch Kurt Schumacher.
Im Ersten Weltkrieg schwer verwundet, hatte er das

unrühmliche Ende der Weimarer Republik noch erlebt, als junger Reichstagsabgeordneter, im flammenden Protest gegen den Verbrecher, der sich anschickte, die Macht in Deutschland zu übernehmen. Dann Hitlers gehaßter Gefangener in Dachau. Er war gerade deshalb der erste, der ungeduldig seine Freunde, die überlebt hatten, aus Trauer und Tränen, Resignation und Müdigkeit mitriß – nun aufzustehen, sofort und fast atemlos die Reste der verstörten Truppe zu sammeln und zum Angriff zu blasen. Ja, ich wähle diese militärischen Vokabeln. Denn dieser brennende Mann war ein Offizier geblieben, ein preußischer Reserveoffizier aus dem verlorenen Osten des Reiches, nur so zu verstehen in dem, was er zuerst sich selbst und allen, die mit ihm auf dem Wege waren, abverlangte. So habe ich ihn kennengelernt, so habe ich ihn mit zu Grabe getragen.

Ich weiß nicht, aus welchem Grunde ich eine Einladung erhielt, mich ihm vorzustellen. Jedenfalls erhielt ich Anfang 1946, kaum in die Partei eingetreten, diese Aufforderung. Ich habe ihn in Wochenschauen gesehen, einige seiner Reden gelesen und von meinen Genossen von der Faszination gehört, die von ihm ausginge. Mit Herzklopfen stieg ich die steilen drei Treppen zu seinem spartanischen Büro hinauf.
Das erste Gespräch mit ihm liegt in einem fernen Dunkel. Ich kann mich nicht verbürgen, obgleich damals das Thema der drei Wurzeln zur Sprache kam, die er für eine neue deutsche Sozialdemokratie für möglich hielt. Die berühmt gewordene Formel also: marxistische Tradition, Humanismus, Bergpredigt. Ja, er hat so

früh dieses später bis zum Überdruß zitierte Motiv politischen Handelns genannt, sicher von Hause aus ein Agnostiker, aber in sicherem Gespür dafür, die Tür für viele zu öffnen, denen bis 1933 die SPD eine freidenkerische Ketzerpartei war. Natürlich wollte er sich den jungen Mann ansehen, der da in Celle mit seiner Flüchtlingsarbeit Unruhe stiftete. Und ich saß auch wohl wie ein Examinant vor ihm oder wie ein Lehrling, der eingestellt werden sollte.

Und vom ersten Augenblick an war ich seiner Wirkung erlegen: dieser scharfe Verstand, diese präzisen Fragen, diese Art, Hoffnung zu vermitteln, nüchtern, aber unbedingt, auch sehr anspruchsvoll. Dieser Mann, hager, ja mager, mit seinem einen Arm – später sollten sie ihm auch noch ein Bein abnehmen. Da saß die Hoffnung des Vaterlandes, amputiert wie unsere Heimat. Er gewann mich im Sturme. Er hat wohl auch im Hintergrund vieles gelenkt, was mich in größere Verantwortung zog als meine Arbeit in Celle.

Zunächst lud er mich ein, an einem Gespräch mit höheren HJ-Führern teilzunehmen. Auch dieses Gespräch ist mir nur noch in dunkler Erinnerung. Er wollte sie nicht aufgeben, diese verführten jungen Leute. Er war überhaupt von einer erstaunlichen Unterscheidungsgabe: unerbittlich gegen die wirklich schuldigen Faschisten. Tolerant für ihre Opfer. Er war es ja auch, der mir sofort zustimmte, als ich den ersten General in meine zivile Verwaltung übernahm, General von Grolman. Und er hat wohl auch ganz allein entschieden, mich, der ich ahnungslos in meinem Büro in Hannover saß, in Hamburg vom Parteitag 1950 in den

Parteivorstand wählen zu lassen. »Heinrich«, so ein Anruf eines Freundes, »du hast nun die roten Streifen.« Ich habe den ersten Vorsitzenden der Partei dann also bis zu seinem Tode in diesem Vorstand erleben dürfen – nun schon in der Baracke in Bonn, in jenem engen Sitzungszimmer, in dem man den Nachbarn schon anstieß, wenn man sich eine Pfeife anzündete, ich ganz unten am Tisch, neben dem anderen, dem großen Pfeifenraucher Herbert Wehner. Schumacher führte den Vorsitz. Er hörte zu, manchmal ein wenig ungeduldig. Manchmal auch scharf gegen allzuviel Unverstand. Am schwierigsten wohl auch in den Kontroversen mit den Ministerpräsidenten – Kopf, Zinn, Reuter, Brauer, Kaisen.
Ich habe Schumacher auch bei zwei historischen Begegnungen erlebt, die kaum irgendwo erwähnt worden sind von den Historikern. Sein Zusammentreffen mit Martin Niemöller in Detmold. Die beiden Häftlinge von Dachau, die sich dort nie gesehen hatten. Beide preußische Protestanten, beide ehemalige Offiziere. Ja, da war sie wieder, die Bergpredigt. Wie leuchtende Sterne. Und seine erste Begegnung mit den Generalen, die den Aufbau der Bundeswehr vorbereiteten: Speitel, Heusinger, Baudissin. Es ist schlimm, daß ich nichts notiert habe. So bleibt nur der allgemeine Eindruck in Erinnerung. Wie er sich über Karten beugte, über Zahlen und erste Sollstärken. Er, der diesen verfrühten Schritt in die Wiederbewaffnung leidenschaftlich ablehnte, bis in den frühen Morgen diskutierend, immer wieder nachfragend. Die Herren gingen tief beeindruckt. Ein Patriot wie sie. Der Mann verstand, wovon die Rede war – mehr als der alte Herr im Bundeskanzleramt, der nie Soldat gewesen war.

Sein Leichenbegängnis war das eines Königs. Eines Volkskönigs. Wir fuhren stundenlang über die Autobahn im Schrittempo von Bonn nach Hannover hinter dem Wagen mit seinem Sarg. Überall an den Böschungen schweigende Menschen. Dann auf dem Platz vor dem Rathaus wohl Zehntausende. Er wollte nicht, daß Hinrich Kopf für Niedersachsen sprach. Ich mußte vor das Mikrophon. Das erste Mal in meinem Leben vor einer solchen Menge Menschen, weinenden Menschen. Ich schloß die kurze Rede mit dem Satz: »Niemand soll sich seiner Tränen schämen, die er um diesen tapferen und gerechten, diesen so geliebten Mann weint.«
Ja, er war unerbittlich. Es ist heute schwer zu beantworten, ob seine wichtigsten Entscheidungen richtig waren: gegen die große Koalition bei der Bildung der ersten Bundesregierung, ja gegen jede Teilhabe an der Macht im Bund und gegen jede, auch nur die kleinste Berührung mit den Kommunisten. Was ist richtig? Wir sind ihm damals, einige, die Ministerpräsidenten voran, zähneknirschend gefolgt. Nur Schumacher und Adenauer haben jedenfalls die Weichen gestellt, die Weichen für die Zukunft des Landes, in dem wir leben.

Konrad Adenauer

Es liegt an meinem Lebensweg, daß ich nur über eine sehr unbedeutende persönliche Begegnung mit Konrad Adenauer berichten kann. Der alte Herr besuchte Salzgitter, und Hinrich Kopf hatte keine Lust, ihn dort zu begrüßen. »Ich sehe diesen Fuchs oft genug.« Also schickte er seinen jungen Mann. Der stand gehorsam vor der Tür eines Hauses, in dem eine Besprechung mit den Honoratioren der Stadt, mit Vorstand und Betriebsräten der Salzgitter AG stattfinden sollte. Adenauer kam vorgefahren, ich stellte mich vor, er gab mir kurz die Hand, eine trockene, leichte Greisenhand. Wir gingen in den Sitzungsraum, die Notabeln machten ihren Diener, zwei, drei kurze Vorträge über Stadt und Werk, keine Fragen, ein kurzer, schneller Dank, und alles war in einer Stunde zu Ende. Kühl, in einer unüberwindlichen Distanz. Ein Fürst besuchte seine Untertanen.

Ich weiß nicht, ob dies ein typischer Auftritt des großen alten Mannes war. Andere, die von Amts und Funktion wegen mit ihm häufig zu tun hatten, erzählten, die Temperatur sank, wenn er in einen Raum trat. Nun, im Bundestag, wo ich ihn in den großen Debatten der ersten Jahre der Republik häufig erlebt habe, stieg sie merklich an. Denn dann war in wenigen Minuten die Polarisierung erreicht: die Sammlung seiner Getreuen, die gnadenlose, oft süffisante Abrechnung mit dem politischen Gegner. Er war die Mitte der Republik, wer nach links abwich, geriet an den Rand. Er war die Republik. Dieser Teilstaat zwischen Rhein und Elbe, das Reich Karls des Großen, genau in diesen Grenzen. Ich glaube die alte Geschichte, daß der damalige Oberbürgermeister von Köln als Vorsitzender des Preußischen Staatsrates auf der nächtlichen Reise nach Berlin im Schlafwagen, als der über die Elbbrücke fuhr, geseufzt habe: »Hier beginnt Asien.« Er ist, spätestens seit seinem berühmten Telegramm an den deutschen Botschafter in London, in dem er ihn anwies, die britische

Regierung dringend vor dem Wiedervereinigungsplan der Sowjets zu warnen, historische Wahrheit: Adenauer hat viel von Deutschland geredet, aber immer nur die Bundesrepublik gemeint. Sie war sein Werk. Sie vor jedem östlichen, kommunistischen Einfluß zu schützen, seine politische Maxime. Darum empfingen ihn die Berliner – nicht nur die Sozialdemokraten – auch nur kühl und distanziert, verärgert, als er nach dem Bau der Mauer die geschockte Stadt viel zu spät, aber nicht zu spät, um am Glanz des Kennedy-Besuches teilzunehmen, uneingeladen besuchte. Die Stadt hat ihn, widerstrebend zwar, zum Ehrenbürger ernannt. Wie konnten sie anders, denn auch sie, sie besonders, lebte mit ihm, von ihm.
Adenauer ist mir innerlich näher gekommen, als er, von seinen Freunden aus dem Amt gedrängt, einsam in Rhöndorf saß. Ich habe als Regierender Bürgermeister auf den toten Kanzler eine Rede gehalten. Seltsamerweise sagte mir seine Familie, die sich wohl vor mir gefürchtet hatte, sie seien nach den endlosen Trauerreden in Bonn sehr dankbar für diesen sehr offenen, kritischen Nachruf. Nun: Es war selbstverständlich, diesen großen Gegner zu ehren, der unser aller Leben so nachhaltig bestimmt hatte.

Erich Ollenhauer

Kann ich in einem Zuge weiterschreiben? Denn Erich Ollenhauer ist wie ein Vater zu mir gewesen, ein väterlicher Freund. Wenn ich ein altmodisches Wort zur

Beschreibung seines Charakters benützen darf: er war lauter. Lauterkeit, ja Menschlichkeit im inneren Sinn dieses so häufig mißbrauchten Begriffes, Klugheit, Bescheidenheit und Verzicht auf alle hochgestochenen Allüren und Karriere. Dieser großartige Mann zwischen dem berühmten Vorgänger Schumacher und Nachfolger Brandt – leider fast vergessen, erdrückt von diesen beiden Namen. Dabei hat er die Sozialdemokratische Partei in den schwierigen Zeiten der fünfziger und beginnenden sechziger Jahre zur Volkspartei geöffnet und mit dem Godesberger Programm überhaupt erst regierungsfähig gemacht. Er ließ den Kollegen, die ihm sicher intellektuell überlegen waren, jede Freiheit: Carlo Schmid, Fritz Erler, Herbert Wehner. Er hielt uns alle fest in unserer Verantwortung für das Ganze. Ich habe ihn sehr geliebt. Nach den oft endlosen und anstrengenden Vorstandssitzungen, durch die Eitelkeiten vieler Kollegen unnötig verlängert, holte er mich fast immer an den Tisch in der bescheidenen Kantine der alten Baracke. Ich konnte ihm erzählen von meinen Sorgen und kleinen Erfolgen in Hannover und Berlin, wir sprachen von Frau und Kindern, von seiner Frau Martha, ohne die er nicht leben und arbeiten konnte. Wo anders habe ich das in dieser Etage der politischen Szene erlebt?

Die Nachricht von seinem Tode im Dezember 1963 erhielt ich nicht in meinem Dienstzimmer. Es waren die Tage der Passierscheinverhandlungen. Wir hatten ein Quartier unmittelbar am Grenzübergang Heinrich-Heine-Straße bezogen. Der Chef der Senatskanzlei Spangenberg kam in mein Zimmer: »Erich ist tot.« So nannten wir ihn. Wir weinten. Denn wir spürten, das würden wir so nie wieder haben: einen Menschen dieser Art als unseren Vorsitzenden.

19. 1. 89

Die Ministerpräsidenten

Die Versuchung ist groß, bei den heutigen Nachrichten hängenzubleiben. Die Wehr- und Zivildienstpflicht wird verlängert, der Nato-Generalsekretär Wörner weigert sich in englischer Sprache, vor einem Untersuchungsausschuß im Bundestag zu erscheinen, die Affäre um einen deutschen Giftgasexport wird immer peinlicher. Ich will ihr nicht erliegen.
Vielleicht ist es wirklich Nostalgie, das Bild jener Männer – und einer Frau – zu beschwören, die mir heute schon fast wie aus einer anderen Welt erscheinen. Geprägt von den Erfahrungen der Weimarer Republik, von den Verfolgungen der Nazis, von den ersten Jahren unter Besatzungsrecht waren sie eine Auswahl von Menschen, die es heute, jedenfalls in der Regierungsverantwortung, nicht mehr gibt. Sie sind tot. Aber mir sind sie in lebendiger Erinnerung.
Der Ort hieß Unkel. Heute hat er 4200 Einwohner, gleich hinter der Grenze von Nordrhein-Westfalen gelegen, zwischen Bad Honnef und Neuwied. Man mußte mit einer Fähre nach Bonn übersetzen. Hier stand eine weiträumige Villa, bequem und kostbar eingerichtet, die 1949 für die Unterbringung der Ministerpräsidenten der Länder als Mitglieder des Bundesrates beschlagnahmt worden war – ein Zeugnis der guten

Geschäfte der Henkel-Familie mit ihren Waschmitteln und wohl auch weniger harmlosen Produkten aus der Nazizeit. Es gab ja keine Quartiere in Bonn. Die Vertretungen der Länder waren noch keine Pseudobotschaften mit eigenen Häusern. So wurde die Villa am Rhein ein Glücksfall für die Beteiligten.

Und merkwürdigerweise war ich, der jüngste Minister in deutschen Landen, beteiligt. Die Landesregierungen hatten ja ihre Mitglieder des Bundesrates zu benennen, je nach Einwohnerzahl drei bis fünf, freilich alle nur mit einer Stimme für ihr Land. Berlin (West) blieb ohne Stimmrecht. Nun hatte mein Ministerpräsident, Hinrich Wilhelm Kopf, beschlossen, mich als das jüngste Mitglied seines Kabinetts mit nach Bonn zu nehmen. Und da man einen Schriftführer für den Bundesrat brauchte, blieb diese eher geringfügige, aber für mich höchst ehrenvolle Aufgabe an mir, dem Benjamin, hängen. Um auf die Sitzungen vorbereitet zu sein – ich saß ja neben dem Präsidenten des Bundesrates auf seinem Podest, oft auch als eine Art Souffleur –, durfte, mußte ich an den Vorbesprechungen der Länderchefs teilnehmen und mit ihnen in Unkel wohnen, von Donnerstag abend bis Freitag früh, in der ersten Zeit nach Inkrafttreten des Grundgesetzes wöchentlich, später alle vierzehn Tage. So habe ich sie alle sehr nah erlebt. Es ging ja nicht nur um die Tagesordnung, die wichtig genug war. Fast alles war neu zu regeln. Es ging von Beginn an um das Verhältnis zwischen Bund und Ländern und natürlich auch um das ganze Feld der Bonner Politik. Der Bundesrat – bis heute auf protokollarische Rangfolge bedacht – trat ja noch vor dem Bundestag zusammen und fühlte sich als erste

Kammer. Die Ministerpräsidenten, über denen sich bisher nur der Himmel und die Besatzungsmächte wölbten, hatten nun einen neuen Herrn. Und nachdem die neue Republik – Gott sei Dank und gegen den Willen Frankreichs – ein Bundesstaat und kein Staatenbund geworden war, wurde dies sofort und unmittelbar spürbar: am Nerv der Dinge, am Geld, der Verteilung der Steuern.

So saßen wir also um den großen Tisch oder in den Sesseln vor dem Kamin oder beim Essen versammelt. Die Herren mit meist einem ihrer höchsten Beamten, und ich als ihr kleiner Diener. Ich zähle sie auf. Ich fürchte, ihre Namen sind fast vergessen, bei den jüngeren Lesern gar nicht mehr bekannt:

Karl Arnold (CDU) Nordrhein-Westfalen
Hans Erhard (CSU) Bayern
Hinrich Wilhelm Kopf (SPD) Niedersachsen
Georg August Zinn (SPD) Hessen
Hermann Lüdemann (SPD) Schleswig-Holstein
Peter Altmeier (CDU) Rheinland-Pfalz
Reinhold Meyer (FDP) Württemberg-Baden
Gebhard Müller (CDU) Württemberg-Hohenzollern
Leo Wohleb (CDU) Baden
Ernst Reuter (SPD) Berlin (West)
Max Brauer (SPD) Hamburg
Wilhelm Kaisen (SPD) Bremen
(Das Saarland gehörte noch nicht zur Bundesrepublik.)

Ich habe gezögert, hinter diesen Namen die Parteizugehörigkeit zu vermerken. Zwar war an Sprache und Verhaltensweisen leicht auch für den Außenseiter zu erkennen, aus welcher politischen Ecke, aus welcher geistigen Herkunft der einzelne Länderchef stammte. Aber wenn es um die Sache ging, blieb Polemik selten, und persönlich waren sich die Herren aufs herzlichste zugetan. Das »Du« war beinahe durchgängig, nicht auf die »Genossen« beschränkt und doch keine bloße Kumpanei. Natürlich habe ich auch in späteren Jahren im Bundesrat den höflichen Ton erlebt, in dem man dort miteinander umging. Aber in jenen frühen Jahren war es wohl das gemeinsam Erlebte und Erlittene, die Befreiung von Hitler, die unerhörten Schwierigkeiten des neuen Anfangs ein kräftiges Bindemittel über die Parteigrenzen, die geistige und landsmannschaftliche Herkunft hinweg. Es war trotz Tabakqualms eine saubere Luft. Undenkbar, einen der Herren in irgendeinen Skandal verwickelt zu sehen.

Dabei waren diese Männer ja der schmale Rest Überlebender der Generation der dreißiger Jahre. Die Toten des 20. Juli, die viel größere Zahl der vor diesem Datum umgebrachten Opfer des Verbrechers Hitler, viele noch nicht aus der Emigration Zurückgekehrte fehlten. Es war – schreckliches Ergebnis von Auschwitz – kein Jude unter ihnen. Einige waren noch von der jeweiligen Besatzungsmacht in ihre Ämter gerufen worden und erst danach durch freie Wahlen bestätigt: Kopf, Wilhelm Kaisen, wohl alle Ministerpräsidenten der französischen Zone. Welch erstaunliche Leistung der Alliierten bei allem, was sie sonst an Fehlern gemacht haben!

Ich saß also und hörte zu und notierte die »Beschlußlage« des nächsten Tages.

Aber wie genau ist eigentlich meine Erinnerung? Ist mehr geblieben als der etwas verschwommene Eindruck von jenem Haus am Rhein, den Weg zum Fluß, die Uferpromenade, die etwas unheimlich wirkende dunkle Kirche – und eben die Runde, verblaßte Gesichter, leise gewordene Stimmen? Als ich damals mein erstes Buch veröffentlichte, haben viele Freunde. die irgendwo ein Stück Wegs mitgegangen waren, gelächelt über soviel Ungenaues, ja ein paar Mal einfach falsches Berichten. Aber – was ist Wahrheit? Das Papier der Dokumente und Briefe, die Biographien der klugen Historiker und Politologen, geschrieben von denen, die nicht dabei waren? Oder die sehr subjektiven Erinnerungen der Zeugen – wahrscheinlich beides zusammen. Das Gesicht, die Statur des kleinsten von ihnen, Herr auch des kleinsten Landes, werde ich nicht vergessen. Leo Wohleb, ein hochgebildeter Mann, wohl von Hause aus Gymnasialprofessor, war wirklich nicht viel größer als 150 cm. Er trug deshalb bei allen Gelegenheiten, die es irgend zuließen, einen hohen Zylinder. Aber er ersetzte diese körperliche Schwäche durch einen glanzvollen Geist und durch einen freilich etwas hochgegriffenen Titel: »Staatspräsident von Baden«. Der aber war ähnlich irreführend wie der Briefkopf: »Der Regierende Bürgermeister von Berlin«. Da stimmt nun schon seit Jahrzehnten nicht einmal die Ortsbezeichnung. Nun, Wohleb, ein tiefgläubiger katholischer Christ – »schwarz wie die Nacht«, wie seine politischen Gegner sagten –, war also hellen Geistes und mir, dem protestantischen Pastor aus Breslau, auf merkwürdige Weise zugewandt. Einmal – im Schlafwagen nach Freiburg – bat er mich in sein Abteil und öffnete nicht nur eine besonders gute Flasche badischen Weins, von denen er wohl immer einige im Gepäck mitführte, sondern begann auch zu erzählen, was die Preußen in seinem Lande angerichtet hatten beim Niederschlagen der 48er Revolution. Und wie er davon sprach, saß mir plötzlich ein Mann zorniger Liberalität gegenüber, sehr viel offener für demokratische Prinzipien als mancher seiner norddeutschen Kollegen. Natürlich war sein Blick einseitig nach Westen gerichtet, wie übrigens all dieser Herren aus Süd- und Südwestdeutschland. Natürlich waren sie im stillen erleichtert über die neue Grenze an der Elbe. Natürlich war ihre Rheinbundtradition allenthalben zu spüren. Sie alle lebten ja in Ländern, die von Napoleons Gnaden groß und herrlich erhoben waren, zuerst die Bayern in ihren sehr jungen Grenzen von 1806.

Aber mir, dem ostdeutschen Flüchtling, konnte gar nichts Besseres widerfahren, als diese westdeutsche, süddeutsche Mentalität zur Kenntnis zu nehmen. Sie hatte ihre lange Tradition, und sie wurde nun noch seltsam vermischt mit der Künstlichkeit der von den Besatzungsmächten neugebackenen Länder. Außer Bayern, Hessen und den Hansestädten war ja alles erst drei Jahre alt, Grenzen, Verfassungen, Wappen, Fahnen. Alles mußte noch zusammenwachsen, die nördliche Rheinprovinz mit Westfalen, das südliche Rheinland mit der Pfalz, Niedersachsen aus vier Ländern, Hannover, Braunschweig, Oldenburg und Schaumburg-Lippe. Oder sie mußten mit der sinnlosen Teilung fertig werden: drei südwestdeutsche Länder plötzlich, eines mit der sehr schönen Hauptstadt Tübingen – wie herrlich mußte es sich da »regieren« und wie schwierig zugleich. Ich konnte dies alles nur als kurios empfinden. Aber heute im Rückblick begreife ich, wie diese Vielfalt auch ihre gute Wirkung hatte, und sei es in der Zusammensetzung des Bundesrates und damit der Runde von Unkel.

Und von den Norddeutschen nichts? Vielleicht, weil sie mir so viel näher waren – außer Karl Arnold alles Evangelische oder kräftige Agnostiker, alle außer ihm Sozialdemokraten –, könnte ich nun sehr ausführlich werden oder auch sehr einsilbig. Sie waren ja keine neuen Gesichter für mich. Ich kannte ihre Herkünfte, ihre persönlichen Geschichten, ihre Freunde und Feinde, meistens auch ihre Frauen. Am nächsten natürlich meinen eigenen Ministerpräsidenten Hinrich Wilhelm Kopf. Er hatte keinen badischen Wein im Schlafwagen, sondern Doornkaat. Er führte keine humanistischen Gespräche, sondern gab nur Lektionen, wie man mit einer widerspenstigen Fraktion umzugehen hatte, und gab zu erkennen, wie wenig er von langen Sitzungen hielt. Er war ein bäuerlicher Patriarch, ein Gutsherr, von dem ich nie ganz begriffen habe, warum er als alter Welfe eigentlich in jungen Jahren Sozialdemokrat geworden war. Er war wie viele seiner Landsleute ein alter Heide geblieben. Nie wirklich christianisiert. Sein liebster Ort war der Leuchtturm von Neuwerk, wohin er uns mit einem riesigen Zeitaufwand zu Kabinettssitzungen befahl, fernab von Hannover und den wenig geliebten Parteifreunden, noch weit hinter Bremen und Hamburg, auf einer kleinen Insel vor Cuxhaven gele-

gen. Ich habe bei ihm wohl alles gelernt, was man lernen kann, um mit großen Bürokratien umzugehen – und wie man die Nähe zu den Bürgern nicht verliert. Denn er war und blieb bis zu seinem Tode ein Volksheld und Landesvater.
Den anderen, Hermann Lüdemann, kannte ich noch aus Breslau. Dort war er der letzte sozialdemokratische Oberpräsident. Ihm verdanke ich als achtzehnjähriger Student das erste erschreckte Nachdenken über die Nazis. SA-Horden führten ihn johlend durch die Innenstadt in das eilig vor den Toren der Stadt errichtete KZ. Er trug ein Schild um den Hals: »Ich bin der Volksverräter Lüdemann.« Aber wie er dort ging, den Pöbel um sich herum mit Verachtung strafend, erhobenen Hauptes, das werde ich nie vergessen. Es ließ mich zum ersten Mal die Fratze der Herren von damals unverhüllt erkennen. Als wir uns wiedersahen, nahm er mich in den Arm: »Junge, du bist ein Schlesier.« Sein inzwischen weiß gewordener Spitzbart reckte sich nach oben wie im Februar 1933. »Nun fangen wir neu an.« Fingen wir neu an? Wir standen auf den Trümmern, die Hitler und dieses deutsche Volk in seiner erdrückenden Mehrheit hinterlassen hatten. Wir waren in Unkel am Rhein, und Berlin war als Mitte verloren. Wir würden nun nach Bonn fahren und den Deutschen Bundesrat konstituieren auf der Grundlage einer Verfassung, die auf Befehl der Besatzungsmächte zustande gekommen und niemals vom Volke abgestimmt, geschweige denn von ferne verstanden war. Wir bauten Demokratie von oben nach unten. Wir erlebten die ersten Zeichen des wirtschaftlichen Aufbaus nach Marshallplan und Währungsreform, den man schnell ein Wunder nannte. Wir

waren plötzlich auf die Seite der Sieger (West) geraten. Wir hatten keine Hauptstadt mehr. Aber wir saßen in Bonn, links des Rheins – wir Leute aus dem Osten und Norden.
Und – bis auf mich, den Jüngsten – waren wir alle in den fast vergessenen, aber nun wieder aufbrechenden Traditionen der Weimarer Republik hängengeblieben: die alten Parteien, die alten Strukturen und Besitzverhältnisse, die alten Kirchen, die sich gerade wieder kräftig restaurierten. Und an der Spitze der Republik stand ein katholischer Patriarch, dem die Teilung Deutschlands gerade recht kam.
Fingen wir neu an? Natürlich. Es gab Frieden als das Wichtigste. Es gab die ersten Gehversuche in die neue Freiheit. Es gab die ersten Versuche, die ungleichen Lasten des Krieges zu verteilen. Aber eine Revolution hatte nicht stattgefunden. Die Sieger hatten uns von Hitler befreit. Von irgendeiner Veränderung wirtschaftlicher Macht war nichts zu spüren. Wir saßen noch in einer beschlagnahmten Villa eines Großindustriellen. Aber sie waren schon im Kommen, aus den Gefängnissen entlassen, die Krupp und Flick und Henkel. Sie wurden gebraucht. So wie die Generale bald, sehr bald wieder gebraucht sein würden.

Ob ich dies heute nur im Rückblick so empfinde? Es lag bei aller Fröhlichkeit eine seltsame Trauer über diesen Männern, die alle die Mitte ihres Lebens überschritten hatten. Die ihre Ideale in Blut und Tod und Verbrechen hatten untergehen sehen, und die sie nun wieder vor sich sahen – wie fremde Kleider.
Ich saß und machte meine Notizen für die Beschlußlage

des nächsten Tages. Wir waren sehr fleißig. Aber die Sonne einer neuen Welt wurde nicht sichtbar.

26. 1. 89

Geburtstag war. Mein Sohn hat mich besucht – unser Sohn. Zwei herrliche Tage. Sprechen und lachen und zornig sein. Auch vom Tod haben wir gesprochen, beinahe heiter und nüchtern. »Wer zuerst stirbt«, das erste Thema alter Leute, die noch beisammen sind. Wir sind es beinahe fünfzig Jahre, ein herrliches Wunder. Wieviel Egoismus darin eingeschlossen ist, um Gottes willen nicht allein bleiben zu müssen, unbehaust, in der Kälte unvorstellbaren Alleinseins. Wie viele hier im Haus sind noch beisammen? Ein schwaches Viertel nehme ich an. Die verwitweten Frauen sind in der großen Überzahl. Die Männer deutlich geschlagener in ihrer Einsamkeit, hilfloser. Ihre Tage scheinen genau eingeteilt, immer zur gleichen Stunde sehe ich sie vom Fenster ihren Spaziergang machen, langsam und mehr oder weniger steif am Stock, einzeln, bei jedem Wetter. Die Frauen finden sich eher zusammen. Sie haben fast alle das Alleinsein schon früher gelernt: der Mann im Krieg, in der Gefangenschaft, in Geschäft und Beruf. Am schwersten haben es die, die nicht besucht werden, die keine Kinder, keine Enkel haben. »Kinder«, schreibe ich. Sie sind alle schon um die 50 Jahre oder älter. Am einfachsten haben es die, die niemals zu zweit gelebt haben. Ich staune, wie viele Frauen dieser alten Generation schon voll berufstätig waren, ganz auf den eigenen Füßen standen und über die schicken Emanzipationsreden von heute nur lächeln.

Aber der Tod ist Gast hier im Hause. Ein Dauergast, der keine Miete zahlt, still und unbeirrt kommt. Und oft als Erlöser.
Mein Sohn hat mich besucht. Ja, er hat mir versprochen, daß sie nichts tun werden, erlöschendes Leben künstlich zu verlängern.
Mein Lektor hat mich angerufen, der Verlag brauche einen Titel für dieses Buch, um die Voranzeige drucken zu können. Wie soll es heißen? Am liebsten hätte ich, wenn auf dem Umschlag das altmodische Wort »lebenssatt« vorkäme aus Luthers Bibelübersetzung. »So starb Abraham in schönem Alter, alt und lebenssatt.« »Dann verschied Isaak und starb, alt und lebenssatt.« »Als David alt und lebenssatt war...« Welch ein Wort! Du hast also gelebt, viele Jahrzehnte, und es hat sich offensichtlich gelohnt. Aber nun ist es auch genug. Da ist kein Hunger mehr, keine Ungeduld, du bist müde, Neues zu erfahren, das doch immer wieder das Alte ist, du schläfst plötzlich ein, am Tage, am frühen Abend, wenn der Fernseher läuft. Es sind immer die gleichen Bilder, die gleichen Torheiten. Es reicht. Aber es war auch gut, so lange zu leben, so viel zu erleben. So viel. Wenn ich vor dem Einschlafen in meinem Zimmer liege, die Luft ist kühl und sauber, es ist trocken, denn ich habe ein Dach über dem Kopf, dann ist das erste Gefühl, wie leicht ich es nun habe. Keine Pflichten morgen. Zeitung lesen. Bücher wählen zu können. Selten aufregende Post. Du hast zu essen und zu trinken. Keiner befiehlt dir etwas. Kein Unteroffizier brüllt »aufstehen!«, kein Gefängnisbeamter schließt die Tür auf und schiebt das schale Frühstück in die Zelle, kein Auto wartet, um dich ins Rathaus zu fahren. Du liegst und streckst die Beine aus.

Aber du wachst pünktlich um 6.50 Uhr auf. Du hörst merkwürdige Morgenandachten, die Nachrichten. Du hast pünktlich um acht Uhr das Frühstück fertig und bittest deine Frau zu Tisch. Du sitzt jetzt am Schreibtisch vor diesem Manuskript. Ich habe meine Frau nach einem Titel gefragt. Sie antwortete, ohne zu zögern: »Vom Glück, alt zu werden.« Es wird mir warm ums Herz. »So glücklich bist du?« »Ja, so glücklich bin ich.« Dabei hat sie viele Schmerzen, von denen sie nicht redet, und Sorgen um Kinder und Enkel. »Lebenssatt?«

Und dann die vielen anderen Menschen, die mit uns im Hause wohnen, die an zwei Stöcken, die Einsamen, die niemand besucht, die Verwirrten. Die, die Angst haben, ob morgen ihre Rente noch reicht, um die Miete zu bezahlen. Es ist schwer, über das Alter zu schreiben, wenn man noch zu zweit ist und keine finanziellen Sorgen hat. Gestern ist ein alter Mann gestorben, dessen Frau seit Monaten im Krankenhaus liegt. Er hat sie täglich besucht. »Ich kann nicht mehr, ich halte es nicht mehr aus, sie leiden zu sehen.« Lebenssatt? Wer sagt der Frau, daß sie nun unbesucht bleibt? Ja, nun ist es genug.

Wahrscheinlich ist das alte Wort nicht mehr verständlich. Wer liest noch die Bibel, zumal das Alte Testament, und sei es als Weltliteratur? Da steht bei Abraham auch noch die Formel: »im schönen Alter«. Was ist ein schönes Alter?

Mein Lektor hat mir ein wichtiges Buch von Peter Borscheid geschickt: »Geschichte des Alters«. Da kann man nachlesen, wie früh die Menschen vor Jahrhunderten gestorben sind. Da gibt es Tabellen. In Zürich sah es

1637 so aus: nur 1,2 Prozent der Männer wurden über siebzig Jahre alt, nur 5,6 Prozent über fünfzig. Bei den Frauen sind es immerhin 1,8 und 7,7 Prozent. Aber wir werden alt und immer älter.

Ich weiß, das ist nun seit Jahren ein viel beredetes und beschriebenes Thema. In Bonn sitzt eine große Koalition von CDU/CSU, SPD und FDP zusammen, die Alterssicherung neu zu ordnen, den »Generationenvertrag«. Natürlich ist dies wichtig. Vielleicht gelingt es sogar durch äußeren Druck, die Pensionsprivilegien der Beamten zu beschneiden. Aber viel wichtiger bleibt doch die Frage: Wie wird in unserer modernen, weißen Industriegesellschaft sich das Verhältnis zwischen immer weniger Jungen und immer mehr Alten ordnen? In dieser Zeit, die, trotz der kleinen Geburtsraten, immer deutlicher eine Jugendgesellschaft wird? In der Boris Becker und Steffi Graf die Idole geworden sind und trotz aller guten Worte nicht die Weizsäckers oder irgendein anderer »großer« Alter. Die Rücksichtslosigkeit nimmt zu, Leistung ist die Parole, Freizeit und Vergnügen sind wichtiger als Solidarität mit irgend jemand.

Aber ist dieses Urteil nicht zu pauschal? Ich sehe viele Kinder und Enkel ihre alten Eltern und Großeltern besuchen, sie im Rollstuhl durch unsere schönen Wege fahren, die das Haus im weiten Umkreis umgeben. Wenn sie auswärts wohnen, rufen sie regelmäßig an. Wenn Geburtstage anstehen, erscheinen sie mit großen Blumensträußen und Paketen. Manchmal geschieht alles ein wenig hastig. Und sicher sind viele froh, wenn sie wieder in ihren Autos sitzen und zurückkehren können in ihr Leben – ohne Alter und Sterben vor

Augen. Wer sollte es ihnen verübeln? Sie sind noch nicht »satt«. Sie hungern noch. Sie haben noch Zeit, unendlich viel Zeit vor sich.
Montag soll über den Titel entschieden werden.

Die Berliner Bürgermeister

Die Toten nur. Von den Lebenden will ich nicht schreiben. Berlin hat ja ein bißchen viel verbraucht: Schütz und Stobbe und Vogel und von Weizsäcker und viel früher auch mich. Nein, die Toten. Nun glaubt jeder, ich müßte mit Ernst Reuter beginnen. Aber am Anfang der Berliner Nachkriegsgeschichte steht ja nicht er, sondern eine Frau. Louise Schroeder. Eine Frau, die ich nie vergessen werde, und die lange vor Emanzipationsgerede und Quotenregelung ganz selbstverständlich in die Bresche sprang, weil die Wahl Reuters zunächst am sowjetischen Veto scheiterte. Eine Frau an der Spitze dieser Stadt zu dieser Zeit! Ich habe selten einen Menschen erlebt, der äußerlich so gelassen, so ohne große Worte, so einfach und so klug das Notwendige tat. So voller Liebe. Ja, voller Liebe. In dieser Männergesellschaft, in der schon damals die jeweiligen Konkurrenten sich bis aufs Messer bekämpften – die Auseinandersetzungen zwischen Ernst Reuter und Franz Neumann waren nur ein besonders sichtbares Zeichen –, ging sie ihren eigenen Weg, ließ anderen die lauten Reden und tat die tägliche Arbeit, am Schreibtisch und vor allem überall in der Stadt, auf den Straßen und in den Häusern, helfend, tröstend, ermunternd, gemocht von jedermann, und, eben als Antwort auf ihr Leben für andere: geliebt. Wer je in ihrer bescheidenen Wohnung in Tempelhof gesessen hat, weiß, wie sie ohne jeden Ehrgeiz war, ohne alle Eitelkeit. Sie war für mich das Symbol für diese Stadt in den ersten Jahren vor der Spaltung, während der Blockade, auch als sie längst in den Hintergrund geraten war zugunsten von Ernst Reuter. Dieser, natürlich, ein großer Mann, ein Volkstribun, ein politischer Prediger. Ob er bei der Spaltung der Stadt durch die Handlanger Moskaus nicht zu früh aufgab, ist heute, wenn auch leise, umstritten. Ferdinand Friedensburg, ein Bürgermeisterkollege von der CDU, heute fast vergessen, hat länger im Roten Rathaus, also im sowjetischen Sektor, ausgehalten. Reuter sah die Rettung wenigstens der halben Stadt allein in der klaren Option für den Westen, also für die Amerikaner. Dies ist ihm gelungen. Dies ist sein historisches Verdienst. Ob ein anderer Weg möglich gewesen wäre, ist sehr zweifelhaft. Aber ich gestehe: der glühende Antikommunismus Reuters, seine Reden, sie waren mir unheimlich. Ich flüchtete mich bei meinen Besuchen von Hannover aus lieber zu jener stillen Frau, die mir manchmal wie meine Mutter war.

Das riesige Leichenbegängnis nach Reuters viel zu frühem Tode habe ich zwar miterlebt – noch als Vertreter der niedersächsischen Regierung. Die ganze Stadt auf den Straßen. Hinter dem Sarge, nach der Familie, der Nachfolger Otto Suhr. Auch er ein leider fast vergessener Mann, ein hervorragender Bürgermeister, der nur zwei Schwierigkeiten hatte: die immer offener werdenden Flügelkämpfe in seiner eigenen Partei und seine schwere Krankheit, die er trotz furchtbarer Schmerzen bis zu seinem Tode tapfer ausgehalten hat. O ja, furchtbar. In einem Hotel in Dortmund hörte ich ihn nachts, mit ihm Wand an Wand liegend, stöhnen, schreien. Am nächsten Morgen saß er, als ob nichts gewesen wäre, in der Vorstandssitzung der SPD, still und blaß, aber wach und ein kritischer Gefährte. Er hatte mich 1955 nach Berlin geholt und bewahrte sich bis zuletzt eine besondere Freundlichkeit zu dem jungen Senatsdirektor. Ich habe oft, als er die Stadt schon vom Krankenlager aus regierte, in seiner Wohnung gesessen. Er war ein radikaler Demokrat, der Direktor der Hochschule für politische Bildung, die jetzt seinen Namen trägt. Wer von den Tausenden von Politologen, die durch dieses Haus gehen, ahnt etwas von seinem Namensträger? Er war ein Professor, das heißt zu deutsch: Bekenner – ohne Pathos, mit den nüchternen Erfahrungen der Hitlerzeit, aber unerbittlich bei all seiner Liebenswürdigkeit. Er starb dann still. Willy Brandt wurde sein Nachfolger. In einem kurzen Interim regierte Walter Schreiber (CDU) vor Suhr die Stadt. Ich habe ihn nur einmal bei einem Besuch in Berlin erlebt. Ein früherer preußischer Handelsminister, ein Ehrenmann. Ach, wer spricht noch von ihm?

Übrigens: Diese Bürgermeister waren wie ihre Kollegen aus Hamburg und Bremen, auch Ministerpräsidenten und Mitglieder des Bundesrates. Schon diese Tatsache lohnt den Erhalt der Freien Städte. Sie sind eben beides: Länderchefs und Stadtoberhäupter mit unmittelbaren kommunalen Erfahrungen, näher als die Herren der Flächenstaaten an den vermittelbaren Sorgen der Bürger. Bürgermeister, welch schöner Titel: die Menschen, für die man da ist, kommen im Namen vor.

Aber der Titel »Minister« ist auch schön. Wenn man weiß, was er bedeutet: Diener.

Alle diese Bürgermeister, außer Frau Schroeder, sind nicht eigentlich »alt« geworden. Aber was heißt »alt« bei einem solchen Leben?

1. 2. 89

Wir kommen aus dem Nebel nicht heraus. Kein Frost, kein Schnee. Kalte, nasse Luft. Ein bißchen salzig auf den Lippen. Ich gehe jeden Morgen meine halbe Stunde, nun schon wieder allein, ohne die notwendige Hilfe. Immer denselben Weg, wenn ich nicht hinüber muß in die lärmende Straße, zu Post und Bank und Apotheke und Kaufhaus. Der Titel dieses Buches ist inzwischen gefunden: »Am Ende des Weges« – statt »Lebenssatt«, das Wort kennt wirklich kein Mensch mehr, nicht einmal die klugen Leute vom Verlag. Die Wege, die ich jetzt gehe, enden nicht. Sie laufen im Kreise, keine Mauer, höchstens der Deich oder Wasser, Moor, Wolken, viele kleine Brücken. Die großen Weser-Brücken sind freilich heute abend gesperrt, die halbe Innenstadt dazu. Wieder einmal, immer noch wird eine Bombe entschärft. Mindestens vierundvierzig Jahre hat sie geschlafen, unentdeckt. Nun kommt sie unter gleißendes Scheinwerferlicht, rostig, alt, sehr alt.
Was am Sonntag in West-Berlin ans Licht kam, ist noch viel älter. Je länger ich die Berichte lese und höre, die aufgeregten Kommentare, desto mehr wundere ich mich. Die 7,5 Prozent für die »Republikaner« sind doch

nur ein sehr bescheidenes Zeichen für die deutschnationale Gesinnung, nicht nur in West-Berlin. Aus dem rechten Flügel der CDU ist er herausgefallen, ein schwarz-weiß-roter, brauner Schmutz. Sichtbar nun, aber doch nicht übler als vorher, bisher gut verborgen, heimlich gefördert, zumindest nicht als fremd empfunden in den Köpfen und Herzen der im Berliner Rathaus bisher Regierenden. Man kann auch sagen: die Saat ging auf, die Leute wie Lummer und Kewenig so fleißig gestreut haben. Nun, nicht noch ein Kommentar. Nur noch dies, was in den Zeitungen fast untergeht: Der Anführer der nun lärmend ins Abgeordnetenhaus einziehenden deutschen Rechten ist Polizeibeamter. Ganze Abteilungen der Bereitschaftspolizei sollen sie gewählt haben. Das sind also die jungen Männer, die die Ordnung unseres gepriesenen Rechtsstaates schützen. Natürlich: Sie fühlen sich als Opfer ungelöster politischer Konflikte, geprügelt und selber prügelnd. Aber das alles kann ja nicht entschuldigen, was die Führung der Polizei in den Kasernen hat wuchern lassen. Ich hoffe nur, es kommt nicht zu einer großen Koalition in West-Berlin. Dann wäre die Stadt wirklich nicht mehr zu regieren.
Bei einem Film, der gestern von einer Großveranstaltung der Republikaner zu sehen war, saßen übrigens ebenso viele alte wie junge Menschen im Saal. Wir alten Leute hier im Hause feierten gestern Fasching. »Berliner Fasching« mit Buletten, Pfannkuchen und Stoffbären und den uralten, sentimentalen Liedern der zwanziger Jahre. Eine absurde Szene. Ich hörte mich an den Tischen um. Kein politisches Wort zum Sonntag, dem 29. Januar 1989. Die Stimmung war glänzend. Am

selben Abend trat Helmut Kohl mit einer Karnevalsgruppe über die Fernsehschirme vor die Nation. Wie beruhigend ist das alles!
Und wie weit weg von den ersten, den toten Berliner Bürgermeistern, die ich gerade zu beschreiben versucht habe. Ob die Stadt am Tropf, West-Berlin, nun noch eine Chance hat, neu anzufangen – mit den jungen Sozialdemokraten und Grünen? Wenn dies Buch gedruckt ist, werden wir es vielleicht wissen. Heute abend wurde der Nebel immer dichter.

2. 2. 89

Heute erreicht mich die Nachricht: es werde nun wohl doch – nach vierzehn Jahren – zum Prozeß gegen Gabi Tiedemann wegen ihrer Beteiligung am Überfall auf das OPEC-Zentrum in Wien im Jahre 1975 kommen. Die Bundesregierung habe von ihrer Möglichkeit, das Verfahren einstellen zu lassen, weil dies aus außenpolitischen Gründen erwünscht sei, keinen Gebrauch gemacht. Der Beschluß ist absurd. Jedermann weiß, daß die österreichischen Justizbehörden keinerlei Rechtshilfe für einen solchen Prozeß leisten werden. Sie haben sich seit Jahren ebenso wie die arabischen Staaten geweigert, Akten und Zeugen zur Verfügung zu stellen. Ein Prozeß also, der mit an Sicherheit grenzender Wahrscheinlichkeit mangels Beweisen ohne Ergebnis, also mit Freispruch, enden wird. Aber für die Betroffene, die junge Frau im Kölner Gefängnis in Ossendorf, bedeutet die Entscheidung eine neue furchtbare Belastung. Was immer sie in Wien getan haben mag, sie ist längst genug gestraft nach vierzehn Jahren Haft, erst in der Schweiz und dann in Deutschland, längst weit weg von allen Vorstellungen terroristischer Gewalttäter, ein Mensch, der neu anfangen will und anfangen kann. Ich hoffe, daß es noch einen Ausweg gibt. Alle Beteiligten wären erleichtert, auch das zuständige Gericht und der Staatsanwalt. Aber ich kann nur ganz am Rande helfen. Ich kann nicht einmal nach Köln fahren und die Gefangene besuchen. Der Arzt erlaubt es nicht und hat wohl recht damit. Fiat iustitia, pereat mundus. Ach, die Welt geht nicht unter. Aber ein Mensch wird kaputtgemacht. Noch ein Mensch in der endlosen Kette von Gewalt und Gegengewalt. Ich brauche viel Überwindung, in diesen Tagen weiter zu schreiben – »am Ende des Weges«. Wo wird er enden?

Die Bischöfe

Der erste Bischof, den ich reformierter Preuße von Angesicht zu Angesicht sah, hieß Hanns Lilje. Er war bald nach dem Zusammenbruch der Nachfolger von Dr. Marahrens geworden, jenem unsäglichen Lutheraner, der die Zwei-Reiche-Lehre seines Meisters für jeden Opportunismus guthielt. Da war Lilje einen anderen Weg gegangen. Mit seinem wachen Verstande, seiner überlegenen Predigtkunst war er uns Jungen schon in der Nazizeit ein großes Vorbild gewesen. Nun, nach Hannover heimgekehrt, hoffte ich sehr, er würde in die erzkonservative lutherische Landeskirche frischen Wind bringen. Er blies auch ein wenig – am

Anfang. Vor allem in Hermannsburg, einem kleinen Ort am Südrande der Lüneburger Heide, wo er die erste Evangelische Akademie in Norddeutschland gründete, die später nach Loccum umzog. Da war Aufbruchstimmung, offene Kirche, Wurzel auch für den ersten Evangelischen Kirchentag nach dem Kriege in Hannover. Später dann hat diesen großen Mann die Würde des Amtes wohl etwas erdrückt. Je größer er wurde, der Abt zu Loccum mit seinem Silberstab, desto mehr entrückte er uns, die wir an den Tatorten Hitlers unsere Arbeit zu leisten hatten, in den Lagern der Flüchtlinge, in den zerbombten Städten, bei den welfischen Bauern. In mein Leben hat er in einer halben Stunde tief eingegriffen. Als ich im Juni 1948 vor der Frage stand, als Dreiunddreißigjähriger von heute auf morgen Niedersächsischer Staatsminister zu werden, bat ich vor der Vereidigung um ein Gespräch: ob ich das guten Gewissens machen könne. Er antwortete überraschend pragmatisch und hatte seine Zwei-Reiche-Lehre wohl einen Augenblick nicht ganz ernst genommen für diesen jungen Pastor: – »Sehen Sie, es ist doch gleichgültig, womit man sich seinen Verstand durchgespült hat. Sie haben Theologie studiert. Als Theologe kann man alles werden. Gott behüte Sie.« Und ich war schnell entlassen. Er hat mir dann oft in Schwierigkeiten geholfen. Das letzte Mal sah ich ihn bei der Beerdigung von Hinrich Kopf. »Der, den wir jetzt zu Grabe tragen werden, war kein Christ. Aber er war ein Geschöpf Gottes, um dessen Tod wir sehr zu trauern haben, ein guter Landesvater.« So dem Sinne nach. Ein Gegenbeispiel zu so vielen frommen Lügen an den Gräbern.

Aber die beiden Bischöfe, die mir, von den Toten, auf ganz unterschiedliche Weise nahe waren – der mir nächste, wirklich geliebte Bischof heißt Kurt Scharf – waren Otto Dibelius und Martin Niemöller. Antipoden des deutschen Protestantismus, weit voneinander wohnend, aber entscheidend für alles, was seit 1945 unter den Evangelischen in Deutschland geschah.

Ich kenne natürlich die Schattenseiten, den Alleingang von Dibelius beim Abschluß des Kirchenvertrages über die Seelsorge in der Bundeswehr, seine immer neuen Versuche, die Wahl seines Nachfolgers Kurt Scharf zu verhindern oder doch wenigstens hinauszuschieben, seine schon mehr als patriarchalische Art, Kirchenleitung auszuüben. Trotzdem, trotzdem: Er hat mir immer Respekt abgefordert und mehr als Respekt, der letzte preußische Generalsuperintendent, der dann – auch auf eigenen Entschluß – Bischof hieß.
Martin Niemöller, dem ich nur selten begegnete, war auch als Mensch weiter weg von mir als Dibelius. Vielleicht lag die Meßlatte zu hoch. Vielleicht war es mein schlechtes Gewissen, weil ich in den Jahren seiner größten Anfeindung von jedermann als Mitglied des Parteivorstandes der SPD nicht immer deutlich genug diesen Vorurteilen entgegengetreten bin – etwa Herbert Wehner, der ihn ja öffentlich beschimpft hat. Ich weiß es nicht. Dabei habe ich durch ihn meine entscheidenden Anstöße als Student und Vikar der Bekennenden Kirche erhalten, in seinen Gottesdiensten und Gemeindeabenden in Berlin-Dahlem. Da ließ er einen mit seiner fröhlichen Offenheit gegenüber den Ganoven der Reichsregierung den Atem anhalten. Da konnte

man lernen, was die Freiheit eines Christenmenschen sei. Seine Reden und Predigten damals – und ihre Wirkung – sind oft genug geschildert worden. Aber ich verehrte ihn eben sehr von weitem und war nur froh, daß mich dann die Nazis wenigstens seinetwegen einsperrten. Weil ich ihn öffentlich einen großen Deutschen genannt habe. Ich bin ihm selten begegnet. Einmal in seiner Wohnung klagte er mir sein Leid über die Halbherzigkeit meiner Partei, ihren sturen Antikommunismus. Ich hatte ihm nicht viel zu erwidern. Erst in seinem hohen Alter, als er für uns jüngere das Vorbild unermüdlichen Einsatzes für die Friedensbewegung war und ich längst wieder Pfarrer, saßen wir wieder in einem Boot. Kirchlich jedenfalls war er der konsequenteste Vertreter eines neuen Anfangs nach 1945. Er wollte die Erfahrung der Bruderräte und der Bekennenden Gemeinden voll einbringen in die verknöcherte Amtskirche. Es ist ihm bis auf einige Ansätze in seiner eigenen Landeskirche nicht gelungen. Er blieb ein Außenseiter, trotz aller späten Ehrungen. Die größte hat er nicht mehr erlebt: die Dankeskundgebung der Friedensbewegung, die ihm vor allem junge Leute darbrachten, in einer Versammlung unter freiem Himmel, unmittelbar nach Schluß des offiziellen Trauergottesdienstes, in dem so viel geheuchelt worden war.
Und nun eben: Kurt Scharf. Nein, er lebt, Gott sei Dank, er lebt. Jeden Tag habe ich dafür zu danken.

8. 2. 89

Immer wieder einmal kommt die Frage, ob es richtig war, in dieses Haus zu ziehen, in ein Hotel, mit eigenen Möbeln und der abgeschlossenen Wohnung, aber eben ein Haus der Alten, täglich umgeben von den Zeichen der Krankheit, von Rollstühlen und Stöcken und vielen verwirrten Gesichtern. Wenn meine Frau von ihren Besuchen in der Pflegeabteilung kommt und ihre Geschichten erzählt – viel Heiteres über diese oft bald neunzigjährigen Frauen, aber eben auch viel Trauriges und Erschreckendes über den Verfall von Körper und Geist, ist das Ende des Weges greifbar nah, näher als es irgendwo in einer Wohnung draußen gewesen wäre, die es ja auch gegeben hätte, ohne Treppen und Garten und mit einer Hilfe für die täglichen Notwendigkeiten. Und natürlich werde ich auch von Freunden und anderen Besuchern auf diese Frage angesprochen. Ich zähle dann die Gründe auf, die damals, vor nun schon über zwei Jahren, zu diesem Wechsel nach Bremen und ins Altenwohnheim führten. Sie halten weiter stand. Aber ich gebe zu, manchmal wird es ein wenig zuviel, was einem auf Schritt und Tritt an Abbau des Lebens begegnet. Soll ich anderen Ratschläge geben, die vor ähnlichen Entscheidungen stehen?

Wenn man einen solchen Schritt erwägt, soll man ihn so früh wie möglich tun. Ich erlebe hier immer wieder, wie schwierig es wird, wenn der Anfang in diesem Hause zu spät und womöglich noch nicht ganz freiwillig geschieht. Du mußt dich selber entscheiden. Du darfst nicht warten, bis womöglich die eigenen Kinder über dich verfügen. Du mußt deine Wohnung im Heim selbst aussuchen und einrichten können. Du mußt dir das Haus also vorher ausführlich anschauen, am besten ein paar Tage zur Probe wohnen. Die guten Heime bieten dies an. Du mußt die Wege abgehen, die du täglich gebrauchen wirst für deine Einkäufe und Besorgungen, die Nähe oder Ferne des Stadtzentrums auskundschaften, die Umgebung ausführlich besichtigen. Du mußt versuchen, ein Urteil über die Leitung des Hauses zu gewinnen, den Umgangston des Personals.

Wenn das alles, oder das meiste davon, dir gefällt, sind die Vorzüge deines neuen Lebens sehr schnell spürbar. Du lebst wie in einem Hotel. Du kannst jeden Service in Anspruch nehmen. Du hast fast alles, was du brauchst, im Haus parat – ein kleines, aber gut sortiertes Geschäft, den Frisör, die Bank. Vor allem aber: wenn dir irgendein Unheil passiert, sind die Schwestern und Pfleger da – das habe ich ja gerade erfahren. Der Arzt ist zweimal in der Woche im Haus. Gymnastik, Schwimmen. Oh, ich schreibe fast einen Werbeprospekt.

Vor allem aber: Du bist bis auf die Essenszeit zu Mittag frei. Du kannst auch im Speisesaal frühstücken oder zu Abend essen, aber du brauchst es nicht. Du schließt deine Wohnung zu und verreist. Du kannst deine Gäste im Haus unterbringen. Es gibt keinen Ärger mit Strom und Heizung und allem anderen Kram, den du zu Hause hattest. Und du hast, wenn du es willst, schnell gute Nachbarn, Menschen, mit den gleichen Erfahrungen des Alterns. Nur eben: Für alles dies mußt du noch aufnahmefähig sein, noch jung genug. Und so richtig es ist, daß diese Art Jungsein nicht immer mit dem Geburtsdatum zu tun hat, so ist es eben doch ein fühlbarer

Unterschied, ob du mit siebzig oder achtzig Jahren das andere Leben beginnst.

9. 2. 89

Die Lampen unter den Fenstern gegenüber meinem Schreibtisch werden nun hell, vor einem verblassenden Himmel. Welch ein Tag – Frühling Anfang Februar! Man konnte schon auf der Bank sitzen, warm von Sonne und einem ganz milden, lauen Wind. Die Schneeglöckchen waren schon vor ein paar Tagen zu sehen, nun kommen die ersten Krokusse. Alles ist unnatürlich früh und unter der Gefahr, schon morgen zu erfrieren. Aber es ist schön und tut dem alten Herzen gut, auch wenn es ein wenig zu heftig schlägt. Das Haus war fast leer. Die Wege voller Menschen, viele, die sich nun wieder hinauswagten, nach Monaten im Zimmer. Ja, es ist schön und anstrengend.
Ich würde in diesen Tagen das erste Mal nach dem Abschied gern für eine Weile in Berlin sein. Irgendwo in einer Ecke sitzen und zuhören, wenn sie miteinander reden, die von ihrer Situation völlig überraschten Sozialdemokraten und die Grünen, zum ersten Mal ernsthaft miteinander reden. Und dies kommt wahrscheinlich zu schnell, zu unvorbereitet wie der frühe Frühling. Die Bretter über dem Abgrund sind dünn. Alle Leute, die bisher das Sagen hatten, sägen an diesen Brettern, malen die Katastrophe an die Wand: die Wirtschaft bricht zusammen, die Alliierten werden verärgert, womöglich marschieren morgen die Truppen der DDR ein. Nichts ist zu töricht, um nicht behauptet zu wer-

den. Aber natürlich ist alles schwierig für die Beteiligten, für diese kleinbürgerlich gewordene, tief gefallene SPD, diese leicht chaotischen und ein wenig hochmütigen Alternativen auf einen gemeinsamen Weg von Phantasie und Vernunft zu finden. Ja, ich hörte gerne zu. Aber sicher ist es besser, hier in Bremen zu sitzen, der Versuchung der Einmischung zu widerstehen. Denn es bliebe ja sicher nicht beim Zuhören.

Nach in Worten achtundzwanzig Jahren ist der letzte Euthanasieprozeß gegen zwei Ärzte mit der Mindeststrafe von drei Jahren Gefängnis wegen Beihilfe zum Mord an Tausenden von Menschen zu Ende gegangen. Ein allzu finsteres Datum in der Geschichte der deutschen Justiz. Dieser Justiz, die zur gleichen Zeit Hunderte von Urteilen wegen »verwerflicher« Nötigung gegen Menschen fällt, die die Straße zu einem Giftgaslager für ein paar Minuten blockiert haben.

Nachdenken über das Alter. Wann beginnt es? Dem Fünfzehnjährigen erscheinen zwanzig Jahre alt, dem Dreißigjährigen fünfzig, und mir ein Neunzigjähriger. Beginnt es mit dem Ausscheiden aus dem Beruf? Wann werden dann die Frauen alt, die keinen anderen Beruf hatten, als oft bis zum Tode für Mann und Kinder und Enkel da zu sein? Wenn sie – endlich – allein sind? Wie oft sehe ich auch Befreiung, wenn der Mann stirbt, nicht sofort, aber in der dann neuen Erfahrung, nicht jeden Tag Rücksicht nehmen zu müssen oder, wie hier im Hause so oft, an einen Schwerkranken gefesselt zu sein. Allein, ja sehr allein zu sein, nun ohne diese Pflichten, aber eben auch endlich allein. Es ist sehr zu bewundern,

wie im mühsamen Alltag alte Ehepaare sich ohne große Worte gegenseitig stützen, manchmal auch der Mann, wenn auch etwas linkisch, seine kranke Frau. Er, der sich ein Leben lang hat umsorgen lassen. Ja, hier sind viele, die zum ersten Mal nach Jahrzehnten ihr Leben selbständig führen müssen oder dürfen. Sind sie nun wirklich alt? Beginnt vielleicht noch einmal Leben? Sagt meine Frau vielleicht deshalb, sie sei glücklich hier, weil der tägliche Haushaltsaufwand weggefallen, endlich Zeit zum Lesen, Schreiben und vielen Gesprächen da ist? Es ist schon ein großer Einschnitt – bei den Berufstätigen nennt man ihn Ruhestand –, wenn der tägliche Weg zur Arbeit fortfällt, niemand mehr Rechenschaft fordern kann, keine Termine mehr einzuhalten sind außer denen, die man sich selbst setzt.
Ich fürchte, viele wissen nichts Rechtes mit ihrer Freiheit anzufangen. Die, die niemals etwas anderes gekannt haben als ihren Arbeitsplatz, ihr tägliches Pensum, ihre festliegenden Daten, was tun sie nun? Zumal wenn sie niemanden besuchen können, nicht besucht werden, wenn keine Post kommt. Ich komme mir unendlich bevorzugt vor, wenn ich meine Post aus dem Fach hole, mehr als ich sehen mag, und die Fächer nebenan sind leer. »Ach, Herr Pastor, soviel Post«, sagen die anderen, »das muß schön sein.« Ich würde ihnen gern die Briefe und Drucksachen zeigen, damit sie sehen, wieviel unnötiges Papier in meine Hände gelangt.
Wenn also der sogenannte Ruhestand zu einer großen Leere führt, ist es schlimm. Sie wird meist durch einen maßlosen Konsum an Fernsehprogrammen ausgefüllt – gehe ich abends durchs Haus, sind sie überall zu

hören, offensichtlich die jeweils seichtesten. Aber wer darf hier hochmütig sein? Wer sein Leben lang hauptsächlich ferngesehen, nicht gelesen oder geschrieben hat, was soll er im Alter anderes tun? Alles läuft auf die einfache Formel hinaus, daß man im Alter nur leben kann, was man zuvor an Leben gewann. Wo nichts ist, kann nichts Neues werden. Und dies hat nur bedingt etwas mit dem Bildungsstand zu tun. Ich sehe hier ganz einfache Menschen, die ihr Alter fröhlich angenommen haben, und sogenannte Gebildete, die sich nur noch langweilen.

Vor allem: Wann soll der Ruhestand, das Rentenalter beginnen? Ich antworte: so früh wie möglich. Nichts ist unvernünftiger als das Nicht-aufhören-Können, das Sichfesthalten an dem Stuhl, auf dem man sitzt, an die Gewöhnung der jahrelangen Pflicht. Es ist ebenso rührend wie schrecklich zu sehen, daß auch große Geister nicht aufhören können, nicht Platz machen für Jüngere, Angst haben vor diesem Ende des Weges. Je früher die Wende einsetzt vom Beruf zum Ruhestand, desto leichter ist der neue Anfang.

Überhaupt: neu anfangen zu können. Ich bin nur dankbar dafür, daß ich alle paar Jahre das Amt wechseln konnte, neue Aufgaben hatte, neue Freunde, neue Gegner, neue Wohnungen. Ich weiß nicht, ob es gut ist, daß Beamte und Angestellte im öffentlichen Dienst fast unversetzbar geworden sind, Pfarrer und Lehrer zumal, Richter überhaupt nicht. Natürlich sichert das feste Amt auf Lebenszeit die Unabhängigkeit – leider selten spürbar! Aber sie läßt eben auch die peinlichste Unzulänglichkeit für Jahrzehnte auf demselben Platz. Darum sollte der eigene Wille zur Veränderung stark

werden, der Mut zu Neuem, der Aufbruch sogar zu Ungewohntem.
Jedenfalls zahlt sich Beweglichkeit in den sogenannten besten Jahren aus, wenn die große Umstellung auf das Leben im Alter notwendig wird. Alte Bäume verpflanzt man nicht mehr, heißt es. Die Verpflanzung wird bestimmt schwieriger, wenn die Wurzeln zu tief gewachsen sind. Das Buch, von dem ich lebe, redet von seinen ersten Seiten an nur von Aufbrüchen und Veränderungen, und sei es die Vertreibung aus dem Paradies oder der Marsch durch die Wüste. Und redet von Jesus, der immer und überall nur Gast war in einem unsteten Leben. Ist also das Leben ausgefüllt gewesen, erscheint sein Ende an einem festen Platz eher wie ein Hafen, den man endlich erreicht hat, die Ruhe als Geschenk, das Ziel erreicht, eben das Ende des Weges. Du genießt den gleichen Ablauf der Tage, du langweilst dich nicht, weil du dich nie gelangweilt hast.
Es kommt nur noch eine Wendung des Weges, die letzte, die die Zeit in Ewigkeit verwandelt.

13. 2. 89

Müde und schwindelig. Was schreibe ich für schöne Sprüche? Vor mir liegt eine Tabelle der durchschnittlichen Renten. Von je hundert Witwen und Witwern haben zweiundfünfzig eine Rente zwischen 600 und 1200 Mark, von den Frauen fünfundfünfzig eine Rente unter 600 Mark – und selbst wenn die Renten der Angestellten und Pensionen der Beamten aus den unteren und mittleren Gehaltsgruppen höher liegen, sie ermuntern nicht, früher als unbedingt nötig mit dem Arbeiten aufzuhören. Und die Rentenreform, die jetzt in einer großen Koalition geplant ist, setzt das Rentenalter wieder herauf. Nein, ich schreibe als Privilegierter für Privilegierte. Unendlich bevorzugt gegenüber der großen Mehrheit derer, die in den nächsten Jahren noch mehr als bisher mit jedem Pfennig rechnen müssen. Und der viel beredete Generationenvertrag ist durch den neuen Reformvorschlag für die heute Zwanzigjährigen, also für meine Enkel, nicht zu sichern, es sei denn, auch sie gehören wieder zu der hauchdünnen Schicht der oberen Zehntausend. Hier im Haus müssen viele Sozialhilfe in Anspruch nehmen, um die Kosten zu zahlen, und erhalten für sich persönlich ein winziges Taschengeld monatlich nach Jahrzehnten ihres Arbeitslebens. Das ist die soziale Wirklichkeit in unserem Wirtschaftswunderland. Kommen erst die Jahrgänge der jetzigen Dauerarbeitslosigkeit ins Rentenalter, wird die Zahl der Armen im Alter noch sprunghaft zunehmen.

Ich kenne die Einwände. Wenige beziehen nur *eine* Rente. Immer mehr verheiratete Frauen stehen selber im Beruf. Die Angestellten und Beamten nehmen von Jahr zu Jahr zu. Aber jene, die besser rechnen können als ich, sagen, dies alles hält nicht durch – nicht weit über das Jahr 2000. Die öffentlichen Haushalte müssen umgeschichtet werden. Der soziale Rechtsstaat wird von den Militärausgaben aufgefressen. Es ist immer weniger demagogisch, von diesem Zusammenhang zu reden, wenn es je demagogisch war. Man feilscht um ein paar Milliarden in der Rentenreform, lehnt den Sockelbetrag einer angemessenen Existenzsicherung ab und wirft Hunderte von Milliarden für immer neue Kampfflugzeuge und Raketensysteme zum Fenster hinaus.

Heute kommen in West-Berlin die alte Sozialdemokratie und die jungen Alternativen zum ersten Mal zu offiziellen Verhandlungen über einen gemeinsamen Weg zusammen. Die Grundprobleme ihrer und unser aller Zukunft werden sie nicht lösen können. Aber vielleicht, vielleicht gelingt ein erster Schritt gemeinsamer Verantwortung von zwei Generationen.
Abends das Bild im Fernsehen: der große Raum, wohl das Casino des Abgeordnetenhauses, voller Fotografen, in der Mitte, eingezwängt von den Rudeln der öffentlichen Neugier, an zwei langen Tischen die Verhandlungsdelegationen sich gegenüber – aber hinter den Alternativen an der Wand aufgereiht ein Chor von Sängern und Mandolinenspielern. Der Text ihrer Lieder war nicht zu verstehen. Er muß nach den Gesichtern der Musikanten sehr fröhlich gewesen sein. Was mag sich in den Köpfen der braven Sozialdemokraten abgespielt haben? Und wie mag nun der Hohn der Berliner Zeitungsschreiber und Rundfunkleute sich über diese Szene ergießen. Da haben sie die Nervosität dieses unmöglichen Bündnisses, einen Vorgeschmack auf die unregierbare Stadt und den Untergang aller Geschäfte – vielleicht eine Senatssitzung mit Gesang?
Mich hat das Bild sehr bewegt. Ich dachte an Dutzende ähnlicher Verhandlungen in den vergangenen Jahren, ihren tierischen Ernst, ihre falsche Bedeutsamkeit, ihre Langeweile. Ich dachte an die ewig gleichen Gesichter der Herren in ihren Maßanzügen, mit den aufgeklappten Akten auf dem Tisch, ihren schmalen Koffern

neben dem Stuhl, die Batterien von Säften vor ihnen aufgebaut. Hundertmal im Jahr, ach, täglich auf den Bildschirmen gezeigt, aus Bonn und Brüssel, von den Gipfeln der Macht. Und nun diese singenden jungen Leute. Falls ihre Freunde als Senatoren ins Rathaus einziehen, wie schnell wird ihnen das Singen vergehen? Wie schnell werden die Rituale des Alltags über sie herfallen? Aber zunächst haben sie einmal gesungen, was auch immer, fröhlich, frech, kritisch, mit einem Stück Hoffnung.
Der alte, noch im Amt befindliche Senat soll nicht allzu hochmütig sein. Bei ihm singt niemand mehr.

Vom Mut, sich aufeinander einzulassen, möchte ich heute abend, liebe Hörerinnen und Hörer, reden, dargestellt an jenem Beispiel, das nun seit fast drei Wochen die Zeitungen und politischen Kommentare füllt: Wie ein Mann, gestern noch jenseits seiner Stadtmauern weithin unbekannt, Walter Momper, es unternimmt, sich mit Leuten einzulassen, die er wohl bisher kaum ernst genommen hat – und umgekehrt eben jene Leute. Wie Alternative oder Grüne, nun plötzlich in die Chance und die Not, Verantwortung zu tragen, geworfen, an Verhandlungstischen sitzen, die sie bisher verachtet haben. Eine Berliner Geschichte – gewiß. Aber eine Geschichte, die uns alle, auch hier in Bremen, buten und binnen, zum Nachdenken verhelfen sollte.
Es ist die alte Geschichte vom Überwinden des Fremden, von Alt und Neu, von Tradition und Reform, von Realität und Utopie – von der Veränderung festgefügter Formen, von etablierten Gemeinschaften und jenen leicht als chaotisch empfundenen Gruppen, die jedem,

der auf Verläßlichkeit setzt, unheimlich erscheinen müssen. Zeit also, über das aktuelle Berliner Beispiel hinaus auch weit über das Problem der Altparteien und junger, unerfahrener politischer Gruppierungen zu reden. Es ist die Frage gestellt, an alle festgefügten Gemeinschaften, Kirchen, Gewerkschaften, Verbände aller Art, ja sogar an ehrwürdige Institute der Wissenschaft und der Kunst: Wie gehe ich mit denen um, die keine Tradition, keine Erfahrung, keine aufwendigen Apparate, kein geübtes Personal haben, und doch irgendwann und irgendwie die Probe auf ihr Exempel machen müssen. Sonst trocknen sie aus, fressen sich auf, gehen sie unter.

Die Aufgeregtheit, in West-Berlin könne es ernsthaft zu einer rot-grünen Koalition kommen, ist enorm. Die Stadt versänke im Chaos, die Wirtschaft wandere aus, die Demokratie sei gefährdet, ja – wie sollte es anders sein – verborgene Kommunisten kämen nun an die Macht. Vor allem aber: Auch ein leises Stirnrunzeln der alliierten Schutz- oder Besatzungsmächte sei lebensgefährlich für die eingeschlossene Insel. Dies alles gilt natürlich auch für die Bundesrepublik im ganzen. Am Horizont erscheint das Schreckgespenst einer linken Bundesregierung: die Herren Lafontaine und Schily im trauten Verein. Nicht auszudenken, furchtbar.

Nur, wenn wir die Nebel der Ängste und der Wortschwaden wegschieben, wenn wir die Landschaft betrachten, in der wir Deutsche (West) miteinander und gegeneinander leben, zeigt sich doch folgendes Bild: Es gibt die alten Parteien, die alten Gewerkschaften, die alten Kirchen, Universitäten. Sie sind jede für sich überzeugt, auf dem richtigen Wege zu sein – und sie sind alle auf eine fatale Weise zuerst mit sich selber beschäftigt. Als ich vor ein paar Tagen mit einem von mir sehr geschätzten Sozialdemokraten sprach, welche Option für West-Berlin er wohl für richtig hielte, gab er auf meine Frage eigentlich gar keine Antwort. Aber er räsonierte eine Viertelstunde, was diese oder jene Lösung – rot-grün oder schwarz-rot – auf die unmittelbar anstehende Kommunalwahl in Hessen oder auf die Bundestagswahl haben könne. Wenn ich die sogenannte Strategiedebatte der CDU/CSU anhöre, läuft sie ebenfalls nur auf die Stimmabgabe bei den nächsten Wahlen hinaus. Wenn ich an die Schwierigkeiten denke, die vor allem lutherische Bischöfe, aber auch die Amtskirchen als Ganzes, seit Jahren haben, ihre Stellungnahmen zu den Grundfragen unserer realen Existenz zu formulieren, schimmerte immer wieder die Rücksicht auf diese oder jene Gemeindeglieder durch – ach, eigentlich nur auf diese –, nämlich auf die großen Kirchensteuerzahler. Vom Volk, vom Land, von seinem Leben und Überleben war wenig oder gar nicht die Rede. So verloren sie alle nicht nur den Glanz, sondern vor allem die Glaubwürdigkeit, wurden alte, schwer zu bewegende Tanker, wie es Peter Glotz formulierte, ein Mann, der ja auch wohl wegen solcher anstößigen Bilder in der Versenkung verschwand.

Gegenüber stehen sich nun die jungen Gruppen und Grüppchen, alle irgendwie aus der Rebellion der 67/68er Jahre hervorgegangen, seit ein paar Jahren über den Rubikon der Parteigründung gegangen, in den

Parlamenten auf allen Ebenen schon seit mehreren Wahlperioden vertreten, aber nach zwei mißglückten Versuchen – in Hessen und Hamburg – nirgendwo in der unmittelbaren Verantwortung. Sie schwenken ihre Fahnen, sie träumen ihre Träume, sie haben ihren Himmel voller Utopien, sie streiten sich öffentlich und ausgiebig, sie produzieren immer neue Papiere. Sie sind fröhlich und liebenswürdig und wegen ihres Umganges miteinander oft unerträglich. Und sie hassen nichts mehr als den Kompromiß. Sie verkünden die absolute Wahrheit. Sie wünschen große und keine kleinen Schritte. Sie verlangen den Abbau von Machtsymbolen und fürchten den Verlust ihrer Identität, wenn sie in die Rathäuser und Ministerien einziehen sollten.

Sollen, dürfen sich beide aufeinander einlassen? In der »Süddeutschen Zeitung« war dieser Tage eine Karikatur zu sehen: Walter Momper schreitet fast nackt als Fakir über ein Brett, auf dem statt aufgerichteter Nägel die spitzen Stacheln zahlloser kleiner Igel seine Füße verletzen. In einer Loge sitzen die Gurus seiner Partei, entsetzt die Hände zum Gebet erhoben. Ja, es gehört Mut dazu, sich einzulassen, es schmerzt sogar, übrigens auch die Igel. Aber wenn ich meine Erfahrungen der letzten zwanzig Jahre in unser Nachdenken einbringen darf: Was wäre wohl aus unserer Republik geworden, wenn es die rebellischen Studenten jener Jahre nicht gegeben hätte? Ich habe auch nicht sofort begriffen, daß man sich auf sie einlassen müsse. Ich habe es miterlebt, wie schwer es andere haben, sich auf sie einzulassen – oft viel zu spät, wenn ich an den Hochmut denke, mit dem Bundesregierung und Bundestag, alle

Parteien, zunächst der Friedensbewegung und dann den anderen sozialen Demonstrationen in unserem Lande begegneten. Der Hochmut ist zerronnen, die Ratlosigkeit oder der blasse Trotz sind geblieben.

Nein, die Berliner Mutprobe ist für uns alle wichtig. Es ist wichtig, daß die alten Gemeinschaften aus den Türmen der Tradition heraustreten. Es ist wichtig, daß die jungen Gruppen lernen, nicht nur zu reden, sondern zu handeln. Dabei kann keiner den anderen über den Tisch ziehen. Dabei sind Kompromisse nötig. Dabei ist Verläßlichkeit und gegenseitiges Vertrauen unverzichtbar. Dabei ist vor allem die gemeinsame Verantwortung für alle Entscheidungen die Voraussetzung für das Gelingen dieses neuen Anfangs. Es ist unmöglich, daß die Grünen und Alternativen nur ihre Wunschressorts erhalten: Soziales, Gesundheit, Umweltschutz und vielleicht auch Schulen und Universitäten, und die anderen dürfen sich als Innensenator, in der Justiz oder beim Kampf um den ausgeglichenen Haushalt die Hände schmutzig machen. Momper und Schily haben recht, daß hier das unangetastete Gewaltmonopol des Staates eine besondere Rolle spielt. Aber die es zu Recht verteidigen, werden sich fragen lassen müssen, wo dieses Gewaltmonopol längst ins Rutschen gekommen ist, nicht nur durch viele junge Schläger in der Polizei und unbegreifliche Urteile der Gerichte, sondern auch durch die massiven Einflüsse der wirtschaftlich Mächtigen.

Aber das Risiko, sich einzulassen, sollte gewagt werden. Gelingt es, wird es frische Luft im ganzen Lande geben.

Scheitert es, wird die tiefe Verdrossenheit gegenüber allen Etablierten nur noch zunehmen. Wirklich nicht nur im fernen Berlin.

(Radio Bremen, 17. Februar 1989)

22. 2. 89

Sie wollten sie nicht wieder aufbauen, die St.-Stephani-Kirche in Bremen. Sie war schwer zerstört, die Häuser der Gemeinde ringsum verbrannt. Kirchen in engen Altstadtvierteln gab es genug. Aber dann setzten sich die Städtebauer und Restauratoren durch. Und da steht sie nun wieder. Das riesige Schiff in gotischer Höhe, die Wände ohne jeden Schmuck, aber ein schöner Altar und herrliche Fenster eines modernen Künstlers. »Schön« ist sie nicht, aber weit und groß, auch im Sommer herrlich kühl. Und eine Gemeinde hat sich wieder zusammengefunden. Da es in Bremen fast üblich ist, sich seine Kirche – ehrlicher: seinen Pastor – auszusuchen, hat sich ein sehr sympathischer Kreis von Christen gebildet, engagiert, kritisch, fröhlich und unbefangen. Meine Frau und ich gehören nun auch dorthin, zu St. Stephani und einem guten, frommen Pastor – von allen Traditionschristen als »links« eingestuft. Und immer wieder einmal vertrete ich ihn im Gottesdienst. Ja, und eben diesen Sonntag auch. Ich habe mich etwas gefürchtet, ob ich so lange stehen könnte. Aber sie haben mich auf einen Stuhl gesetzt, vor dem Altartisch, einen richtigen Predigtstuhl, wie in früheren Jahrhunderten bei den Reformierten üblich. Da saß ich nun, ein bißchen ungewohnt für die Gemeinde und für mich, weil das Pult nicht ganz zum Stuhl paßte. Aber es ging. Es wurde sogar ein bißchen gelacht, im humorlosen Protestantismus ja eine Seltenheit. Berliner Gäste waren da, und Leute aus anderen Friedensgruppen, die sich auf den Kirchentag im Juni vorbereiten wollten. Und ich hatte mir den herrlichen Text aus der Bergpredigt ausgesucht, von der Sorglosigkeit, in der wir Christen leben dürfen.

Matthäus, 6, 25–34:
Darum sage ich euch: sorgt nicht um euer Leben, was ihr essen und trinken werdet; auch nicht um euren Leib, was ihr anziehen werdet. Ist nicht das Leben mehr als die Nahrung und der Leib mehr als die Kleidung?
Sehet die Vögel unter dem Himmel an: sie säen nicht, sie ernten nicht, sie sammeln nicht in die Scheunen; und euer himmlischer Vater ernährt sie doch. Seid ihr denn nicht viel mehr als sie?
Wer ist unter euch, der seines Lebens Länge eine Spanne zusetzen könnte, wie sehr er sich auch darum sorgt?
Und warum sorgt ihr euch um die Kleidung? Schaut die Lilien auf dem Feld an, wie sie wachsen: sie arbeiten nicht, auch spinnen sie nicht.
Ich sage euch, daß auch Salomo in aller seiner Herrlichkeit nicht gekleidet gewesen ist wie eine von ihnen.
Wenn nun Gott das Gras auf dem Feld so kleidet, das doch heute steht und morgen in den Ofen geworfen wird: sollte er das nicht viel mehr für euch tun, ihr Kleingläubigen?
Darum sollt ihr nicht sorgen und sagen: Was werden wir essen? Was werden wir trinken? Womit werden wir uns kleiden?
Nach dem allen trachten die Heiden. Denn euer

himmlischer Vater weiß, daß ihr all dessen bedürft. Trachtet zuerst nach dem Reich Gottes und nach seiner Gerechtigkeit, so wird euch das alles zufallen. Darum sorgt nicht für morgen, denn der morgige Tag wird für das Seine sorgen. Es ist genug, daß jeder Tag seine eigene Plage hat.

Ja, liebe Gemeinde, da sitze ich nun hier und habe euch und mir diesen herrlichen Text vorgelesen, und Ihr, vor allem die Gruppen, die hier heute versammelt sind und sich auf den Berliner Kirchentag vorbereiten, seid wahrscheinlich erstaunt – sorglos sollen wir sein? Wir haben in der Liturgie die vier Klagen gehört: über die Zerstörung der Schöpfung, über die Gefahren der Gentechnologie und ihre Auswirkung auf die menschenverachtende neue Rüstung, über das Gefühl der Ohnmacht gegenüber allen diesen Schrecken – und nun sorglos? Aber mein Freund, Pastor v. Zobeltitz, und ich haben uns auf die Texte geeinigt, die wir vorhin und jetzt von der Kanzel gehört haben. Denn was bringen wir, die versuchen, Christen zu sein, denn eigentlich besonderes ein im Kampf gegen die Zerstörung der Welt? Da kämpfen viele andere – Gott sei Dank – oft tapferer, konsequenter und sachkundiger als wir. Und nun kommen wir Christen, nun halten wir Fastentage, nun bilden wir Friedensgruppen – können wir es, wollen wir es mit diesem seltsamen Mann der Bergpredigt versuchen »Darum sage ich euch: sorgt nicht um euer Leben«?

Ich habe mit unserem Predigttext meine besonderen Erfahrungen. Meine erste Predigt überhaupt habe ich

über ihn gehalten: 1936, als einundzwanzigjähriger Student in eine kleine Gemeinde geschickt, deren Pastor verhaftet worden war – die weinende Pfarrfrau mit ihren vier Kindern, ein verschreckter Gemeindekirchenrat, Waldarbeiter in den riesigen Forsten des Kronprinzen von Preußen im Kreis Oels in Schlesien. »Sorgt nicht um euer Leben.« 1939, am ersten Sonntag nach Kriegsausbruch in einer Vorstadtgemeinde in Breslau: »Sorgt nicht, sorgt nicht um den morgenden Tag« –. Vor mir auch der Beamte der Geheimen Staatspolizei, der seine Notizen machte. Zwei Tage später wurde ich vorgeladen: Wie ich den Leichtsinn meiner Predigt angesichts der gewaltigen Kriegsanstrengung des deutschen Volkes verantworten könne, ob ich mir bewußt sei, daß meine Predigt hart an die Grenze der Wehrkraftzersetzung ginge, ob ich dem Führer widersprechen wollte mit seiner im Reichstag ausgegebenen Parole – alle Kraft für den Sieg? Es war ein biederer junger Kriminalbeamter, der mich wieder laufen ließ.
Aber ich erzähle die alte Geschichte, um heute, fünfzig Jahre danach, zu fragen: Hat er nicht eigentlich recht gehabt? Sollten wir nicht nachdenklich werden, wie ein solcher Text die Obrigkeit trifft?
Kann, darf es in unserer auf Plan und Leistung und Gewalt eingestellten Gesellschaft eine Gemeinschaft von Menschen geben, die für sich selbst und für die anderen die Sorgen letzten Endes nicht ernst nimmt, die uns jeweils bedrücken? Wird uns hier nicht wirklich eine höchst leichtfertige Lebensregel präsentiert? Muß nicht jeder Staat, nicht nur der Verbrecherstaat Adolf Hitlers, nervös werden vor diesem Jesus Christus und seiner Gemeinde, die hier frank und frei der Sorglosig-

keit das Wort redet? Wie stimmt dieses Evangelium übereìn mit unserer Verpflichtung zum Engagement in allen politischen und gesellschaftlichen Auseinandersetzungen dieser Tage? Wie können wir den beschwörenden Appell, die Dritte Welt nicht verhungern zu lassen, noch aufrechterhalten? Wie paßt unser Text gar in eine Zukunft, die nur programmiert, geplant, versorgt sein wird?

Die neue Gesellschaft Jesu, die Stadt auf dem Berge, Salz der Erde und Licht der Welt, das in unser Leben und in diese Welt hereinbrechende Reich Gottes, wie es in der Bergpredigt beschrieben wird, dieser Jesus Christus selbst, der hier zu uns redet, jedenfalls stülpt die Reihenfolge der Sorgen und Erwartungen radikal um. Das Schlüsselwort unseres Evangeliums »Trachtet am ersten nach dem Reich Gottes« kennt nur eine ernsthafte Sorge, sein Reich und seine Gerechtigkeit, Essen und Trinken, Wohnung und Kleidung, die ganze soziale Belastung menschlicher Existenz »fällt zu«, wird hinzugefügt – so selbstverständlich wie die Luft, in der die Vögel fliegen, die Sonne, die die Blumen blühen läßt.

Eine unerhörte Behauptung. Hält sie der christlichen Existenz in dieser Welt stand? Wer mag noch leben von jener Gemeinde im September 1939? Jedenfalls keiner mehr in Breslau. Die Kirche ist zerstört. Die Stadt polnisch. Wo sind sie geblieben, die damals die Gewalt hatten? Tot, aufgehängt, davongelaufen, untergetaucht. Wer hat sich damals vorstellen können, wie Deutschland heute aussehen würde? Die Russen und die Amerikaner in Berlin, das Land geteilt. Europa getrennt. Die Menschen in der Lage, die Erde in die Luft zu sprengen, unmittelbar vor einer biologischen Revolution, in der wir dem Geheimnis des Lebens auf der Spur sind und bald selbst bestimmen können, wie der Mensch der Zukunft aussieht. Das alles vor dem Hintergrund von weltweitem Hunger, bestialischer Gewalt und überdeckt von einem Netz von Ideologien.

»Sorgt nicht um euer Leben« – was heißt das also? Nun, es bedeutet wohl zuerst eine schier unglaubliche Freiheit von der Lebensangst. Der Mensch, der dem Jesus Christus begegnet ist, kann mit seiner Furcht fertig werden. Aber Furchtlosigkeit heißt nicht Lethargie, nicht Resignation, nicht Wurstigkeit. Freiheit von dieser Angst heißt durchaus, im Getümmel stehen, redend, handelnd, Partei ergreifend, aber zugleich wissend, Partei, Auseinandersetzung, Leistung, Karriere, der Ablauf der Jahre, das Altwerden, der Tod – das ist alles nicht das Letzte, nicht das Ziel, nicht die Mitte und der Sinn. Mitte und Sinn gibt der, der in unserem Evangelium redet, der selbst dieses Evangelium ist. Was wir tun oder nicht tun, ist Widerschein, Abglanz, Spiegel in einem dunklen Wort. Freiheit von Lebensangst, von kleiner, bedrückender, auf den Tag schauender Sorge ist eben die königliche Freiheit der Kinder Gottes, von der das Neue Testament von der ersten bis zur letzten Zeile redet.

Diese hier gepredigte Sorglosigkeit bedeutet zweitens eine heitere, fröhliche Gelassenheit. Ich bin oft gefragt worden, woran man denn, zum Beispiel in einem Parlament, die Leute erkennen könne, die vielleicht Christen

seien. Ich habe immer nur antworten können: die seien wohl nicht so völlig vollgestopft mit dem tierischen Ernst, der alle anderen zu erfüllen pflege. Nicht so abgrundtief humorlos. Nicht so fanatisch festgelegt auf Prinzipien und Grundsätze.
Nicht so berechenbar, daß jedermann schon vorher weiß, welches Argument nun in der nächsten Minute vorgebracht wird. Umgekehrt gesagt: Der Mangel an christlicher Substanz in unseren Gemeinden und in unserer Kirche zeigt sich in unserem finsteren Eifererturn, daß auch und gerade bei uns so selten gelacht wird – im Gottesdienst schon gar nicht –, daß uns so wenig anzumerken ist von dem Evangelium, das uns heute und jeden Tag geschenkt wurde: »Seid ihr nicht mehr wert als Vögel und Blumen? Darum sollt ihr nicht sorgen – ihr Kleingläubigen«. Je schmaler, je engbrüstiger der Glaube, desto kleiner die Gelassenheit. Das Kleine klein und das Große groß bleiben zu lassen und sicher zu sein, daß da Einer ist, der weiß, was uns guttut.

Ich weiß, das wirkt provozierend, wenn wir das Elend dieser Welt sehen. Die Einsamkeit eines alten Menschen nebenan, die geprügelten Kinder in so vielen Familien, die Bomben und das Gift lösen sich nicht in Träume auf vor unserem Text. Der wirklich abgrundtiefe Ernst des Elends einer scheinbar von Gott verlassenen Welt entläßt uns nicht.

Aber das letzte wird wirksam, wovon ich heute reden muß. Ein Christ weiß sich in einem unerhörten und unvergleichlichen Sinn sicher und gewiß in den Hän-

den des lebendigen Gottes. Du kannst nie tiefer fallen als in sein Herz. Du kannst allein, verachtet, gequält von anderen und dir selber sein. Du kannst in der tiefen Verzweiflung und Finsternis deiner eigenen Schuld und Fehler sitzen. Du kannst buchstäblich nicht wissen, ob und wie du morgen weiterleben sollst. Aber das »Sorgt nicht« gilt für dich gerade dann und dort, wo du dich am ohnmächtigsten fühlst.
Wer die eine, einzige Sorge um Gottes Reich und Gerechtigkeit ernst nimmt, dem werden die anderen Sorgen leichter. Sie sind nicht weggeblasen, aber die Maßstäbe sind versetzt. Wir geraten in eine andere Dimension, weil es einen neuen Mittelpunkt für uns gibt als unsere eigene Angst. Ja, wir wissen nun plötzlich auf eine ganz neue Weise, wo die wirklichen Sorgen sitzen. Über alle Psychologie und Soziologie hinaus, so wichtig ihre Erkenntnisse sind, wird das tiefste Elend des Menschen, der Gruppen und Massen, der Menschheit deutlich, ihre unsägliche Entfremdung vom wahrhaft Menschlichen, auf die auch Marx gestoßen ist, die wir im letzten als eine Entfremdung des Geschöpfes vom Schöpfer erkennen müssen, dem tiefsten und gefährlichsten Riß, den die Bibel die Sünde nennt, die Sonderung, die lebensfeindliche Trennung, die Tiere und Pflanzen nicht vollziehen konnten. Aber eben dieser Mensch hat sie vollzogen mit seinen Sorgen, Erwartungen, Sehnsüchten, Traurigkeiten, die ihn aus der Freiheit in die Knechtschaft, in tausend Abhängigkeiten, in die Sklaverei des morgenden Tages, des Kalenders, der Uhr, gebracht haben.

So schließt die Sorglosigkeit des Menschen, dem Jesus Christus begegnet ist, die Sorge nach dem schließlichen Sinn alles menschlichen Lebens nicht aus, sondern ein. So ist der gelassene, heitere, zuversichtliche, gewisse Glauben an den Gott des ersten Gebotes in Jesus Christus zugleich die tiefste Unruhe und Sorge um Gottes Gerechtigkeit. So macht er die Kräfte und den Mut frei zum tätigen Handeln, zum unbequemen Reden, zum Engagement, das fester bindet als irgendeine selbstgezimmerte Religion oder Philosophie.
Darum also, liebe Gemeinde, liebe Freunde aus Berlin und Frankfurt und Bad Wörishofen: Die Gelassenheit und Heiterkeit unseres Textes sollte Euch und mich begleiten, jeden Tag, wenn wir gegen den Hochmut und die Dummheit der Mächtigen kämpfen, jeden Tag, in vollem Ernst und gerade deswegen, weil wir diese königliche Freiheit spüren dürfen, wenn wir lesen:

»Darum sorget nicht um den morgenden Tag. Es ist genug, daß jeder Tag seine eigene Plage habe.«
Amen.

(Predigt in der St.-Stephani-Kirche, Bremen, am 19. 2. 1989)

Wenn diese Predigt in Handschrift hier abgedruckt werden könnte, wäre sogleich zu erkennen, daß es sich um einen überarbeiteten Text handelt. 1970 und 1974 in verschiedenen Gemeinden vorgetragen, geht sie auf Erfahrungen eines ganzen Lebens zurück, eben bis zum ersten jugendlichen Versuch 1936 in jenem Waldarbeiterdorf in Schlesien. Ein unvergeßlicher Anfang. Nicht

nur die extreme Situation, für einen verhafteten Pastor einspringen zu müssen, wirklich ins kalte Wasser hinein, sondern der Hintergrund der Szene: Hitlerdeutschland im Rausch der Olympischen Spiele, die ganze Welt in Kumpanei mit einem Verbrecher, und wir kleines Häuflein im finsteren Wald des Kronprinzen von Preußen, auch mit den Nazis auf gutem Fuße. Eine verlorene, scheinbar verrückte Minderheit. Dazwischen der gerade einundzwanzigjährige Student, von den einfachen Arbeitern als Pastor angeredet, der er gar nicht war – Arbeiter, die nach der Verhaftung ihres Pfarrers das wirkliche Deutschland erlebt hatten, nüchtern und aufrecht und mit einem schwarzen Humor: »Sie dürfen hier über alles predigen, Herr Pastor, nur nicht über Wilddieberei und Holzdiebstahl!« Die winzige Schrotkirche auf einem kleinen Hügel zwischen den Bäumen, bis auf den letzten Platz gefüllt, die laut gesungenen Lieder, die Tränen der Pfarrfrau. »Sorget nicht.« Es war schon ein unerhörter Vorgang. Ich blieb über die Semesterferien und wurde dann von einem Vikar der Bekennenden Kirche abgelöst. Der Abschied fiel schwer. Und ich habe in den vielen Kirchen, in denen ich trotz der langen Pause im Staatsdienst zu predigen hatte, diesen Anfang nicht vergessen.
Die Polizei ließ mich übrigens in Ruhe. Sie hat sich wohl weniger vor mir als vor den Holzfällern gefürchtet. Der Ort hieß Maliers, Kreis Oels, Regierungsbezirk Breslau. Heute ist es die Wojwodschaft Wroclaw. Dies zur Erinnerung.
Und dann also am ersten Kriegssonntag derselbe Text und so viel später auch in West-Berlin den müde gewordenen resignierten Rebellen von 1967 gepredigt, aber

auch den erschöpften Älteren – vor allem aber jeweils den Sicheren und von sich so sehr Überzeugten ins Angesicht und natürlich, sich selbst zuerst. Manchmal glaube ich, diese neue Dimension einer ganz anderen Sorglosigkeit ist viel aufregender als die vielzitierten Seligpreisungen. Sie irritieren mindestens ebensosehr. Und beide gehören zusammen.

Gilt sie auch für uns Alte? Der letzte Satz bestimmt – daß »jeder Tag seine eigene Plage habe«. Es ist ja ein seltsamer Widerspruch. Je älter du wirst, desto schneller vergeht die Zeit, und doch ist jeder Tag ein kleiner Berg, den du übersteigen mußt, mit kurzem Atem oder an einem Stock oder gar im Rollstuhl. Fast vergessene Texte gewinnen ein neues Licht. Zum Beispiel des alten Martin Luthers Morgen- und Abendsegen, den meine Mutter schon mit mir betete: »Ich danke dir, mein himmlischer Vater, durch Jesum Christum, deinen lieben Sohn, daß du mich diesen Tag – diese Nacht – gnädig behütet hast...« Man soll nicht darüber spotten, daß die Alten oft wie die Kinder werden. Es ist dies nicht die schlechteste Erfahrung. »Wenn ihr nicht werdet wie die Kinder...« Der berühmte Satz Jesu ist wahrscheinlich die einfachste Formel für den Generationenkonflikt, für Wachstum und Vergehen. Er schwemmt den Hochmut der Jungen fort und den der Alten.

22. 2. 89

Ich lese in der Zeitung: Der Verkehr auf bundesdeutschen Straßen hat 1988 nur achttausendzweihundertdreizehn Tote und vierhundertachtundvierzigtausenddreiunddreißig Verletzte gefordert. Welch ein Fortschritt!

25. 2. 89

Diese Samstagnachmittage. Eine große Ruhe im Haus. Glocken, die den Sonntag einläuten. Erst sehr hell und hoch die Glocken der kleinen alten Dorfkirche, dann ein paar Minuten später dunkler die der modernen katholischen Kirche – schön aufeinander abgestimmt, wie es sich im Zeitalter der Ökumene gehört. Eben zogen die Wolken noch eilig, von einem warmen Südwind getrieben, nach Norden. Nun ist der Himmel von einem schwarzen Blau. Still, den abnehmenden Mond erwartend. Der frühe Frühling scheint sich durchzusetzen. Die ersten Rhododendren blühen schon, japanische Kirschen, ein erstes Grün der Sträucher. Die Enten finden sich zu Paaren zusammen. Die Meteorologen sagen, es sei keine gefährliche Kälte mehr zu erwarten. Ein Jahr ohne Winter. Alles ist seltsam verschoben und macht das Atmen schwer. Und den Kopf ein wenig verwirrt. Aber, siehe, ich schreibe. Das Papier füllt sich mit Buchstaben.
Heute morgen der Besuch von zwei Schülern, die in der regelmäßigen Südwestfunk-Sendung »Wie war es damals?«, begleitet von einer Redakteurin, mit mir ein

Gespräch führen wollen. Erstaunlich gut vorbereitet mit ihren Fragen, die sie fein säuberlich aufgeschrieben hatten. Gymnasiasten aus Baden-Baden und Rastatt. Thomas und Viktoria. Wir haben uns schnell und gut verstanden, besser als in den meisten Gesprächen, die ich mit den sogenannten Erwachsenen vor dem Mikrophon zu führen habe. Sie wollten vor allem wissen, wie ich es als Soldat ausgehalten hätte in diesem elenden Krieg Adolf Hitlers.

Wie habe ich es ausgehalten? Wenn ich ehrlich bin – und ich habe ihnen auch so zu antworten versucht –, eigentlich sehr fatal und sehr einfach: als eine Art Soldat Schweijk, der sich einen Spaß daraus macht, sehr zivil zu bleiben. Eben ohne alle Beförderungswünsche, die ohnehin unmöglich waren wegen meiner politischen Vorstrafe, und mit dem großen Glück gesegnet, nie einen Schuß abgeben zu müssen – es sei denn auf die Scheibe, und auch da fast immer daneben. Da haben es die Offiziere und Unteroffiziere wohl schwerer gehabt, wenn sie ein Gewissen hatten. Es war ja – von allem idiotischen Dienst abgesehen – eben auch eine Befreiung, Soldat zu sein, zum Beispiel im Konfliktfall der Gestapo entzogen zu werden. Das alles ist heute schwer verständlich.

Wer sich für diese ganz undramatische militärische Laufbahn eines notorischen Zivilisten interessieren mag: 1941 nach einem viel zu milden Urteil des Sondergerichts Breslau auf den Rat des Anwaltes und der Kirche freiwillig zur Truppe gemeldet. Landesschützenbataillon in Leobschütz in Oberschlesien. Wachkommando in einem Offiziersgefangenenlager für Belgier. 1942 an die ukrainische Front. Wegen einer

schweren Diphtherie wieder zurück in die Heimat. Wachkommando bei einem Interniertenlager für britische Zivilisten. Festung in Glatz, um meine zivile Strafe abzusitzen. Wieder zur Front, diesmal gefährlicher, zu einer Strafeinheit in Finnland. Im letzten Augenblick von dem großen Freunde, General von Grolman, gerettet und zurück ins alte Interniertenlager, und schließlich 1944 in den Stab der Heeresgruppe Süd geholt, immer noch im untersten Dienstgrad: Schütze. (Sie haben mich dann wegen der Reputation des Generals noch bis zum Obergefreiten befördert.) Und im März 1945 zurück nach Bayern. Keine Kriegsgefangenschaft. Wahrlich kein Heldenepos!
Soll ich mich schämen? Ich tue es nicht. Ich habe jede Achtung vor denen, die tapferer waren, nicht so viel Glück hatten, in ihrer Verzweiflung desertierten. Es ist gut, daß es in Bremen nun ein Denkmal für sie gibt, auch wenn dies der Bundeswehr und den nationalen Maulhelden von heute nicht gefällt. Und ich habe tiefe Trauer um die, die für unsere Verbrecher fielen, verhungerten, verschollen sind, ohne Grab und Andenken. Das Schlimme ist ja, daß auch heute noch, im Zeichen der Massenvernichtungsmittel, die sich Waffen nennen, von Verteidigung die Rede ist. Schon 1944/45 war von Verteidigung keine Rede mehr. Die Soldaten, selbst die im unmittelbaren Einsatz, hatten es besser als die Frauen und Kinder auf den eisigen Straßen der Flucht oder in den brennenden Städten. Sie hatten zu essen, zu trinken, Kleidung und – Waffen. Meine Frau hat es erlebt auf dem Hauptbahnhof in Breslau, wie die Militärzüge an ihr und unseren winzigen Kindern vorbeifuhren, wie sie auf dem Bahnsteig von Feldgendarmerie

– diesem schlimmsten Teil der Truppe – gehindert wurde, irgendwo in einen Zug zu steigen, bis schließlich ein barmherziger Sanitätssoldat sie in einen überfüllten Lazarettzug schob. Ich umgekehrt bin noch im April 1945 in Uniform und mit den nötigen Ausweisen versehen ungehindert quer durch den Rest des unbesetzten Deutschland gefahren. Das war gefährlich – wieder nur wegen der Feldpolizei –, aber es gelang mit den Privilegien des Soldaten.
In diesen Tagen wird wieder in »Wintex 89« der Ernstfall geübt. Ein wesentlicher Teil der Übung besteht in dem schwierigsten Problem: Wie soll man mit den fliehenden Bürgern fertig werden, also dem Volk, das man angeblich verteidigt. Es ist immer die gleiche Lüge, nur immer dreister.

Ach, der Sonntagabend sollte doch friedlich sein. Dem Schüler Thomas habe ich das alles erzählen können. Ob er Soldat wird? Oder Zivildienst leistet? Es bleibt sich eigentlich gleich – in einem neuen Krieg werden wir alle untergehen, zuletzt die Herren in den Befehlsbunkern.

27. 2. 89

Der extreme Tiefdruck der Luft macht dem Kopf und den Lungen zu schaffen. Statt schreiben: schlafen, schlafen.

28. 2. 89

»Aden-Tag« – einmal im Jahr erinnere ich mich an diesen 28. Februar 1975, als mich die Nachricht erreichte, ich solle mich als Gewährsmann für die erpresserische Operation zur Rettung des entführten Peter Lorenz zur Verfügung stellen. Einmal, bei Tage und bei wachem Verstand, das genügt im Jahr. Nachts, in den Träumen, verfolgt mich der abenteuerliche Flug häufig genug. Woran erinnern wir uns? In einem langen Leben an die extremen Situationen, an das Unvergeßliche. Dazwischen verschwimmen die Bilder, die Daten. Das Unvergeßliche – der Tod von Vater und Mutter, die Hochzeit, das erste Gefängnis, das Lazarett in Charkow, die Heimkehr in die Fremde, die Frau und die Kinder heil wiedergefunden nach der unsäglichen Flucht. Das erste Weihnachten nach dem Kriege, der erste Eid als Minister. Das Flüchtlingslager in Uelzen. Der Umzugstag nach Berlin. Und was eigentlich noch? Die Nacht zum 13. August 1961. Der Aufbruch der Massen nach der ersten Passierscheinvereinbarung 1963. Der 2. Juni 1967. Ostern, ein Jahr danach, das Attentat auf Rudi Dutschke, die Rede auf dem Hammarskjöldplatz: »Macht einen neuen Anfang.« Da eigentlich erst der wirkliche Rücktritt, der Übertritt in ein neues Leben. Die Gemeinde in Schlachtensee – und eben Aden. Kirchentag in Hamburg und der Zusammenstoß mit Helmut Schmidt: »Die Bundesrepublik ist, wenn es ernst wird, kein souveränes Land.« Die Tausende und Abertausende im Hofgarten von Bonn bei der größten Friedenskundgebung in unserem Lande. Mit Heinrich Böll auf der Straße sitzend vor den

Toren von Mutlangen. Der 70. Geburtstag. Der Abschied von Berlin. Die erste Nacht in Bremen.
Erinnerung. Erinnerung. Ein schönes Wort: Etwas ist ganz drinnen, bleibt drinnen, unverlierbar. Fast alles sind öffentliche Angelegenheiten. Weil man so vieles andere nicht schreiben kann.

Aber was hat man bewirkt? Wenn überhaupt etwas – waren es die Reden oder das Handeln, waren es die Bücher oder das Schweigen, das Mittun oder die Verweigerung? Vieles hat man sich nicht ausgesucht, man ist hineingeworfen worden. Vieles war Reagieren. Falsch oder richtig. Ein Ruf erreicht dich. Und du gehst. Oder bleibst. Die Entscheidungen, die wir fällen, wo fallen sie? Im Kopf, im Herzen? Sind es die Menschen, die dich treiben, oder die vielberedeten Sachzwänge? Wenn ich es genau überlege, doch wohl immer Menschen. Hinrich Kopf, der sagt, ich soll Minister werden. Otto Suhr, der mich nach Berlin holt. Ulbricht, der die Mauer baut. Benno Ohnesorg, der erschossen wird. Unbekannte Entführer, die dich nach Aden treiben. Und das Volk: die Flüchtlinge, die in Ostberlin Eingesperrten, die jungen Leute mit ihrem plötzlichen Vertrauen. Ich halte nicht viel von Papieren, Programmen, Büchern. Ich schreibe doch selber welche. Was wirkt das Wort? Am Ende des Weges lauter Fragen und nur sehr leise Antworten.
Die Republik, die wir wollten, 1949, wo ist sie? Die Kirche, die wir suchten, haben wir sie gefunden? Das Grundgesetz, ein dutzendmal von mir beschworen, was ist von ihm geblieben? Das Ordinationsgelübde, einmal gegeben, worauf gründet es? Aber Menschen, die waren

es, die sind es. Wen kannst du nennen als Vorbild? Kurt Schumacher, Gustav Heinemann, Kurt Scharf, Heinrich Böll. Nur vier? Und der Eine. Er immer. Aber er war Gottes Sohn.

3. 3. 89

In der Nachrichtensprache heißt das »Tumulte«. Als gestern im Berliner Abgeordnetenhaus der Vorsitzende der Fraktion der Republikaner ans Rednerpult trat, dieser kleine Polizeibeamte mit dem Hitlerbart, erhoben sich die Alternativen von ihren Bänken, auf Pappschildern den Spruch »Wehret den Anfängen« zeigend. Das Haus leerte sich bis auf den größeren Teil der CDU-Fraktion. Jugendliche drangen vom Zuhörerraum ins Plenum ein. Es gab ein kurzes Gerangel. Ich sah über den Fernsehschirm in das mir so vertraute Haus. Die Regierungsbank leer. Die meisten Gesichter schon fremd. Auf dem Präsidentenstuhl freilich, mit knappester Mehrheit gewählt, der wohlbekannte Herr Wohlrabe. »Wehret den Anfängen!«
So wahr. Nur wann hat es begonnen? Von den elf Abgeordneten der Republikaner waren sieben einmal Mitglieder der CDU. So wie in den siebziger Jahren einmal Tausende von jungen Leuten der SPD wegliefen und bei den Grünen aktiv wurden, ist die »Rep« eine klare Abspaltung der schwarzen Mitte. Was sie nun – deutlicher und ganz ungeniert – sagt, war seit Jahr und Tag in den Unionsparteien zu hören. Und Heinrich Lummer – immer für offene Worte gut – hält die Republikaner für seine Partei als Bündnispartner für

durchaus möglich. Ich kann nur wiederholen: Vielleicht ist es besser, die neuen Braunen zeigen nun ihre eigene Flagge und verbergen sich nicht in einer großen Volkspartei.
Vielleicht ist im Modell des neuen Berliner Abgeordnetenhauses überhaupt eine Wende eingetreten, die auf lange Sicht das politische Bild unseres Landes verändern wird. Je stärker die beiden nicht miteinander vergleichbaren Flügel rechts und links der beiden großen Parteien werden, desto verschwommener werden die Konturen der sogenannten Mitte erscheinen. Die FDP wird – wenn überhaupt überlebend – nicht mehr der unausweichliche Mehrheitsbeschaffer sein. Die Mehrheit »links von der CDU«, von der Willy Brandt vor Jahren geredet hat, ist da. Die Frage bleibt, ob es sich dabei um die bloße Addition von Mandaten handelt, oder ob eine gemeinsame Politik möglich wird, die uns schrittweise aus der Restauration der Republik herausführen kann. Dies ist die positive Veränderung der Landschaft.
Bekommen wir freilich auf Dauer eine neue Rechtspartei neben der CDU und schließen sich diese beiden Parteien zu gemeinsamen Regierungen zusammen, ist die Harzburger Front, jene unselige Verbindung zwischen Deutschnationalen und Nazis aus dem Jahr 1931, nicht mehr weit. Natürlich wiederholt sich nichts. Aber daß die Spießbürger, die jetzt lärmend ins Berliner Abgeordnetenhaus eingezogen sind, auf eine fatale Weise den Braunhemden im Reichstag ähneln und ihre Parolen der Demagogie der dreißiger Jahre sehr nahe sind, und daß die elende Situation von Arbeitslosigkeit und Wohnungsnot die gleiche Rolle für

den Zulauf spielt – das alles ist doch nicht zu leugnen. Die Demonstrationen und Tumulte sind höchst ehrenwert und wahrscheinlich sogar notwendig. Aber die »Anfänge«, die »Gründe« liegen viel tiefer. Wenn eine Eiterbeule platzt und das verdorbene Blut austritt, kann der Körper noch gesunden. Das verborgene Gift ist viel gefährlicher.

6. 3. 89

Die Lungenwerte sind schlechter geworden. Der Arzt dort in der Klinik ist fast ein Freund geworden, leise und gütig. Man verläßt ihn ohne Angst, auch wenn er schlechte Nachrichten hat. Und so weit ich es miterleben kann, redet er mit allen so, nicht nur mit mir, dem Privatpatienten.
Auf der Fahrt hin und zurück überschwellender Frühling. Meine Frau hat den ersten Zitronenfalter gesehen. Jahrzehntelang habe ich vom Lauf des Jahres kaum etwas gemerkt. Das Auto morgens vor der Tür. Dann der Schreibtisch im Amt, die endlosen Sitzungen, der protokollarische Kram. Abends Reden in schlecht gelüfteten Räumen. Nur sonntags der Garten in seinen wechselnden Farben, und dann im Schnee. Schnee. Jetzt nur Südwinde.
Nun soll mein Buch »Die Reise« tatsächlich verfilmt werden. Das ZDF und ein polnischer Regisseur, auch in Breslau geboren wie ich, 1946 in Wroclaw, wollen den Text des Buches als Hintergrund für ein Porträt der Stadt haben. Ich brauche nicht noch einmal hinzufahren – aus dem Off sprechen. Aber sie filmen die Plätze und Straßen. Ich freue mich auf die Zusammenarbeit.

Die Polen sind in diesen Wochen ja sehr ins Gerede gekommen: der hemmungslose Schwarzmarkt in West-Berlin, die »Touristen«, die illegal in der Bundesrepublik bleiben, die Aufgenommenen, die, weisen sie eine noch so dubiose deutsche Herkunft nach, ihre vollen Rentenansprüche haben. Man hat sich schlicht verrechnet. 1963 mit der freien Grenze für Polen in West-Berlin, in den Verträgen für ganz Westdeutschland. Keiner hatte mit der Liberalisierung der Ausreise gerechnet. Nun kommen sie zu Tausenden. Sollen sie wieder abgeschoben werden? Die Hemmschwelle ist hoch. Selbst wenn die primitive Praxis Ausländer aus Ostblockstaaten müssen grundsätzlich bleiben dürfen, längst ohne jede Begründung bleibt. Die Polen, die heute bei uns quer durchs Land fahren mit ihren kleinen Autos, kaufen und verkaufen, schwarz arbeiten, Asylanträge stellen, sind die Kinder und Enkel jener Polen, die wir gehetzt, enteignet, oft schlimmer als das Vieh behandelt und umgebracht haben. Es ist eine absurde Lage, beschämend für Polen und Deutsche. Wir haben eben den Krieg gewonnen – die DDR ja übrigens im Blickpunkt der Polen auch. Mir graust jetzt schon vor den Reden der Deutschen zum 1. September 1989, fünfzig Jahre danach. Hoffentlich läßt sich wenigstens der Bundespräsident nicht von den lärmenden Helden in Bayern und anderswo in seinen Plänen beirren. Es wäre eine große Stunde, führe er am Jahrestage des Überfalls nach Hela und Danzig. Und die Polen begrüßten ihn als Freund. Und er stiege nicht heimlich aus dem Bauche eines Schiffes der Bundesmarine, wie damals die deutschen Soldaten, verborgen unter Deck der »Schleswig-Holstein«, während ihr Kommandant den Empfang der Polen besuchte und mit ihnen auf die deutsch-polnische Kameradschaft anstieß. Dieser schlimme, ehrlose Vorgang ist ja immer wieder verschwiegen worden hinter dem vorgetäuschten Überfall auf den Rundfunksender von Gleiwitz. Aber in Hela und Danzig war es ja auch die Reichswehr in ihrem feinsten Teil, der Marine. Was sind da schon die kleinen polnischen Ganoven, die ihre Waren in West-Berlin verhökern, gegen die Großen in der deutschen Offiziersuniform? Und was wissen die jungen Beamten von Zoll und Polizei schon von diesen Dingen? So schwierig ist alles geworden in fünf Jahrzehnten des Vergessens und Verdrängens.

7. 3. 89

Das Programm des Kirchentages in Berlin wird immer voller für mich: nicht nur Eröffnungsgottesdienst und Bibelarbeit, sondern auch ein Abend mit sowjetischen Christen und einer als deutsch-deutsche Begegnung. Wird es zu schaffen sein – noch?

8. 3. 89

Meine Frau und ich reden immer wieder über dieses Haus und seine Bewohner. Das Verhältnis zwischen gesunden Alten und schwerbehinderten, verwirrten Menschen verschiebt sich zahlenmäßig immer mehr. Gibt es außer dem Zu-Hause-Bleiben bessere Lösungen? Es ist nicht richtig zu sagen: Bleib solange du

kannst zu Hause. Die Folgen erleben wir hier. Mit achtzig Jahren oder noch älter kommen sie zu uns, oft gleich in die Pflegeabteilung, oft nur, um hier zu sterben. Die Flure und der Eßsaal werden voll von Rollstühlen und Gehgestellen. Das ohnehin viel zu schwache Personal wird noch mehr überfordert. Soll man also mehr reine Pflegeheime einrichten, soll man für den Eintritt in ein Wohnheim eine Höchstaltersgrenze festlegen, siebzig oder fünfundsiebzig Jahre? Planung scheint es nicht zu geben. Öffentliche und private Träger, die Wohlfahrtsverbände vornweg, eröffnen neue Häuser, ohne sich untereinander abzustimmen. Die Eingriffsmöglichkeiten des Staates, der Kommunen sind minimal. Jeder Bäckermeister kann ein Altersheim eröffnen. Es ist leider bei hohen Pflegesätzen und geringen Leistungen ein gutes Geschäft.
Der täglichen Erfahrung, was alles jedem von uns passieren kann, wie das Ende des Weges aussehen kann, ausgesetzt zu sein, ist nützlich und bedrückend zugleich. Wir schauen so gerne weg. Die Aufgabe meiner Frau und vieler anderer Bewohner, den Schwächeren zu helfen, das Personal zu unterstützen, kann ein letzter Lebensinhalt sein. Die Abschottung des Sterbens und des Todes ist ja schon genug.

Am Ende des Weges I (1945)

Vor mir liegt ein Kalender. Ein kleines Heft mit schwarzen Pappseiten, die nur noch mit zwei dünnen Fäden die Monate dieses unbeschreiblichen Jahres zusammenhalten. Die Eintragungen, mit Bleistift geschrie-

ben, sind verwischt, oft kaum noch zu lesen. Ein Kalender, noch 1944 gedruckt. Erste Seite: »Merktafel«. Name und Adresse: noch das winzige Dorf in Oberschlesien mit seinem von Hitlers Sprachkünstlern verdeutschten Ortsnamen – Röstfelde, früher Roschkowitz (heute Roskowice). Die Adresse ist durchgestrichen. Die Spalte »Mitgliedsnummer der NSDAP, SA« – leer. Unten in der Spalte »Sparbuch« steht die neue Adresse, ab Mai 1945 gültig: Celle, Wildgartenstraße 3B, und sogar eine Telefonnummer: 2098.
Die nächsten drei Seiten drucken die Gedenktage ab, den schaurigen Ablauf des Dritten Reiches:

15. 1. 1933	Wahlsieg der NSDAP in Lippe
30. 1. 1933	Tag der Machtergreifung
8. 2. 1942	Reichsminister Todt gestorben
23. 2. 1930	Horst Wessel seinen Verletzungen erlegen
1. 3. 1935	Rückkehr des Saarlandes zum Reich
12. 3. 1877	Wilhelm Frick geboren
13. 3. 1938	Wiedervereinigung Österreichs mit dem Reich
16. 3. 1935	Wiedereinführung der allgemeinen Wehrpflicht
21. 3. 1933	Tag von Potsdam
1. 4. 1815	Bismarck geboren
9. 4. 1940	Besetzung Dänemarks und Norwegens
20. 4. 1889	Adolf Hitler geboren
10. 5. 1940	Deutscher Angriff auf die Westgrenze

25. 6. 1940	Waffenruhe mit Frankreich
28. 6. 1919	Diktat von Versailles
22. 6. 1941	Einmarsch in die Sowjetunion
14. 7. 1933	Erbgesundheitsgesetz
2. 8. 1934	Hindenburg gestorben
28. 8. 1749	Goethe geboren
1. 9. 1939	Deutscher Gegenangriff in Polen
15. 9. 1935	Nürnberger Gesetze
27. 9. 1939	Warschau ergibt sich bedingungslos
1. 10. 1938	Befreiung der sudetendeutschen Gebiete
29. 10. 1897	Joseph Goebbels geboren
9. 11. 1923	Marsch auf die Feldherrnhalle
10. 1. 1759	Schiller geboren
16. 12. 1779	Beethoven geboren
20. 12. 1937	Ludendorff gestorben
26. 12. 1923	Dietrich Eckart, Dichter, gestorben

Dies eine Auswahl der Daten. Nur Siege, Einmärsche, Judengesetze. Und Goethe, Schiller und Beethoven.

Dann beginnen meine Einträge: 1. Januar 1945: »Ankunft in Esterházy.« Ja, so war es. Ich hatte noch Weihnachtsurlaub bekommen, vor allem um die mit Geschenken prall gefüllten Koffer des Oberbefehlshabers und des Chefs des Generalstabes der Heeresgruppe Süd zu ihren Frauen zu bringen. Vom Hauptquartier der Heeresgruppe war ich am 22. Dezember 1944 abgefahren. Am Silvesterabend fuhr ich zurück von Roschkowitz in Oberschlesien über Breslau nach Wien.

In Breslau hatte ich zwei Stunden Aufenthalt. Die heile Stadt überbelegt mit Flüchtlingen. Ich ging durch ein paar Straßen in Bahnhofsnähe. Sie waren schon leer. Die Menschen feierten in ihren Wohnungen, in den paar Kneipen, die noch geöffnet waren. Der Bahnhof wie ausgestorben. Der Nachtzug nach Wien mit höchstens fünfzig Menschen, meistens Soldaten besetzt. Ich allein in einem ganzen Wagen. Eine gespenstische Szene. Der Abschied vom deutschen Breslau. Ahnte ich, daß es der Abschied war? Ich weiß es nicht. Ich saß in meinem warmen Abteil, todmüde. Der Zug fuhr durch Schlesien, die Grafschaft Glatz. Ich schaute nicht einmal hinaus in Glatz, zur Festung, meinem Gefängnis 1943. Ich schlief wie alle Soldaten in diesem Zug auf den harten Bänken, unter dem Kopf den eingerollten Mantel. Der Obergefreite Albertz. Soweit hatte ich es schon gebracht.
Frühmorgens in Wien. Ich ging zum Prater. Das berühmte Rad stand still, wie ein riesiges Gespenst gegen den sich langsam erhellenden Himmel. In Wien erfuhr ich, der Stab sei zurückverlegt ins Donauknie. Ins Schloß der Esterházy. So hohe Stäbe wohnten nur in guten Hotels oder in Schlössern. Ein riesiger, finsterer Komplex mit Hunderten von Zimmern. Ich meldete mich bei meinem General. Die letzten Monate des Krieges hatten begonnen.

Die Eintragungen des Kalenders berichten so gut wie nichts über die Ereignisse im Stab. Sie reden nur von der verzweifelten Begleitung der Flucht von Frau und Kindern beginnend am 17. Januar, zwei Tage, bevor die Rote Armee Röstfelde überrollt hatte. Es sind die

Daten der Telefongespräche. Ja, vom Stab aus konnte man telefonieren. Offensichtlich bestand ein geheimes Bündnis zwischen den Telefonzentralen der Front und der Heimat, auch die verbotenen privaten Gespräche zu vermitteln. Ein guter Kamerad in der eigenen Zentrale, Friedrich Jahn, brachte die Wunder solcher Gespräche zustande, meistens nachts oder am frühen Morgen, immer über die bald zur Festung erklärte Stadt Breslau. Das letzte Gespräch mit Ilse vor dem Aufbruch ist am Fluchttag selber eingezeichnet. Ich erinnere mich der grotesken Situation des Soldaten in seiner Sicherheit und diesem in letzter Minute erfolgenden Schritt ins Ungewisse, bei klirrender Kälte, die Frau mit zwei kleinen Kindern, die eben noch einen letzten Zug – auf einem Umweg über Polen – nach Breslau erreichten. Am 18. und 19. Januar sind noch zwei Gespräche mit Ilse in Breslau eingezeichnet. Am 20. Januar verließ sie mit einem der letzten Züge die Festung. Dann habe ich bis zum 23. Februar nichts mehr direkt von ihr gehört. Das Telefonieren war ein Hinterherjagen auf ihrem Fluchtweg. Sie war schon abgefahren oder noch nicht angekommen. Vor allem war ungewiß, ob sie vor dem 13. Februar durch Dresden gekommen war, das Inferno überstanden hatte oder mit Tausenden von Flüchtlingen auf den Bahnhöfen der Stadt verbrannt war. Seit dem 5. Februar rief ich in Celle, dem vereinbarten Ziel der Flucht, an. Immer mit der negativen Antwort, sie sei noch nicht da.
Privilegiert wie kaum ein anderer unter Millionen Soldaten wurde ich am 20. Februar mit einer Kuriermaschine nach Dresden geschickt, um die Frau des Generals und die meine zu suchen. Am 23. Februar hing ich

atemlos an einem Telefonautomaten im zerstörten Postamt von Hannover und wählte die Celler Nummer: »Ist Ilse da?« »Nein, sie ist nicht da.« – und nach einer entsetzlichen Pause: »Sie ist einkaufen gegangen.« Am Nachmittag dieses Tages fand ich sie wieder und die Kinder. Ich war völlig erschöpft, schmutzig von drei Tagen Fahrt, gehetzt von den Feldgendarmen, aber am Ziel, lebend; auch wenn ich wieder zurück zur Truppe mußte.

An alles dieses mußte ich denken, als ich am 22. Mai mit dem Fahrrad endgültig nach Hause fuhr – vom Truppenübungsplatz in Grafenwöhr ins hannoversche Land. Es war der Dienstag nach Pfingsten. Im Kalender steht an diesem Tag nur das Wort: »Start«.

Der junge Mann, der da durch Deutschland fuhr, war dreißig Jahre alt. »Start« hat er in seinen Kalender geschrieben. Das Ende von zwölf abstrusen Jahren war ein Anfang, die Fahrt durch einen frühen Sommer eine Fahrt in ein völlig neues, unbekanntes Leben. Eine Fahrt in die Freiheit, eine abenteuerliche Freiheit. Er würde, wenn er Glück hätte, seine Frau und seine Kinder lebend wiedersehen. Aber er hatte kein Geld, keine eigene Wohnung, keine Arbeit. Er hatte einen Beruf gelernt – aber was würde der ihm in der niedersächsischen Fremde nützen? Er fuhr über fast leere Straßen. Alle fünf bis zehn Kilometer standen amerikanische Kontrollposten. Er zeigte seinen Passierschein nach Celle, einen einfachen Zettel, mit Maschine auf Durchschlagpapier geschrieben, vor: »To Whom it May Concern. H.A. protestant priest is allowed to go to Celle.« Eine unleserliche Unterschrift, kein Stempel. Der Offizier, der ihm den Schein zusammen mit einem neuen deutschen Wehrmachtsfahrrad gegeben hatte, wußte nicht, wo Celle liegt, wohl 300 km von der Oberpfalz entfernt. Die Kontrolleure waren freundlich. Manche sagten: »God bless you.« Nur einmal im Harz mußte der junge Mann in eine Kommandantur und wurde überprüft. Sonst fuhr er und fuhr. 23. 5. Schwarza, nördlich Bayreuth, 24. 5. Bad Frankenhausen, 25. 5. Niedersachswerfen, 26. 5. nördlich Braunschweig, 27. 5. 9.00 Uhr Celle. Er schlief in Pfarrhäusern, manchmal in einem richtigen Bett, manchmal auf Stroh in der Scheune. Vor Weimar sagten die Posten, ich solle es weiträumig umfahren. Die Stadt sei voll der aus Buchenwald entlassenen KZ-Häftlinge. Ja, das sagten sie.

Der junge Mann fuhr vom frühen Morgen bis zum Einbruch der Dunkelheit unterbrochen von einer kleinen Mittagspause. Durch heile Dörfer, durch zerstörte Städte, über Notbrücken. Am herrlichsten war die Strecke von Braunlage hinab ins Braunschweigische, in sausendem Tempo, weg, weg aus den finsteren Schatten hinter ihm. Er sang zuweilen, laut und schlecht, Choräle, alberne Schlager, auch die »Lili Marleen«. Auf seinem Gepäckhalter lag ein Rucksack aus weißem Leinen mit kostbarem Inhalt: Tabakspäckchen und Fleischdosen aus einem Verpflegungslager – nachts geplündert, als die deutschen Soldaten verschwunden und die Amerikaner noch nicht gekommen waren. Unbezahlbare Tauschware.

Als er an jenem Sonntag, dem 27. Mai 1945, die Treppe hinaufstieg zur Wohnung, wo seine kleine Familie untergekommen war, und zaghaft klingelte, öffnete Ilse, zum Kirchgang angezogen. Noch ehe wir uns in die Arme fielen, sagte er: »Jetzt fängt unser Leben erst an.« Er war dreißig Jahre. Am ersten Ende des Weges.

Am Ende des Weges II (1967)

Am zweiten Ende des Weges war der Mann, der zum letzten Mal vom Dienst im Schöneberger Rathaus nach Hause fuhr, weniger fröhlich. Gewiß, auch an diesem späten Oktobertag war da ein Gefühl von Freiheit. Aber als er sich abends seinen eigenen Abschied im Fernsehen anschaute und einen freundlichen Kommentar hörte, war ihm doch eher nach einer Grabrede zumute. Das Wort vom »Scheitern« geisterte durch die Zeitungen. Wer in Deutschland zurücktritt – aus welchen Gründen auch immer, politischen oder kriminellen –, ist eben gescheitert. Und so falsch ist diese Beurteilung ja auch gar nicht.

Denn was war geblieben, was erreicht, welche Hoffnungen, Erwartungen wurden wenigstens annähernd erfüllt? Eine Geschichte der Bundesrepublik, wenigstens der ersten zwanzig Jahre, müßte man hier schreiben – und die Hintergründe dieses Rücktritts vorführen. Ich will beides nicht tun. Das erste habe ich mit meinen Mitteln in anderen Büchern versucht. Das zweite hilft nicht weiter. Die Leute, die den Rücktritt monatelang betrieben, wissen, was sie taten. Aber es war eine seltsame Leere in mir am nächsten Morgen in dem viel zu großen Haus, das wir als Dienstwohnung bezogen hatten. Ich hatte mir zusätzlich zu meinem Arbeitszimmer im Erdgeschoß eine Dachkammer eingerichtet, in der wohl einer der Söhne von Willy Brandt gewohnt hatte. Der Blick ging hinüber über den schönen Garten zum Gästehaus des Senats, wo nun Klaus Schütz und Kurt Neubauer ihre Empfänge gaben. Es dauerte Monate, bis eine neue kleine Wohnung für meine Frau und mich in Schlachtensee gefunden war. Der Polizeiposten vor der Tür war – Gott sei Dank – verschwunden, das Diensttelefon abgeschaltet. Der Mann war ein Bürger wie jeder andere. Das war eine Befreiung. Aber er würde lügen, wenn er die radikale, eben auch schmerzende Umstellung verschwiege. Er ging noch zu den Sitzungen des Abgeordnetenhauses – warum eigentlich? Er wußte, daß Bischof Scharf recht hatte, wenn er einen sofortigen Übergang in den kirchlichen Dienst nicht für gut hielt. Der Winter 1967/68 kam. Der Widerstand der Studenten gegen alles und alle Etablierten versteifte sich. Für Februar war eine große Demonstration gegen den Vietnamkrieg geplant. Der Senat verbot sie.

Da erreichte ihn ein Anruf, er möge in eine Sitzung der Kirchenleitung kommen. Sie wolle versuchen, zwischen den jungen Rebellen und dem Staat zu vermitteln. Auch Günter Grass würde da sein. Sie sprachen lange miteinander. Es gab große Bedenken. Aber schließlich einigte man sich, daß der Bischof einen Versuch wagen solle. Am Abend dieses Tages saßen Kurt Scharf und er Rudi Dutschke gegenüber. Das war der neue Anfang am zweiten Ende des Weges. Der Mann war zweiundfünfzig Jahre.

Das dritte Ende habe ich beschrieben: den Abschied von Berlin und den Anfang hier in Bremen. Aber ich will mich an ihn erinnern, weil er im hohen Alter sicher der schwierigste war, von allen Freunden mit besorgtem Kopfschütteln begleitet. Das Nachdenken über den Ablauf der Jahre führt immer wieder zu dem gleichen Ergebnis: Es sind die Abbrüche und Aufbrüche, die Wechsel, die scheinbare Ausweglosigkeit, die zu neuem Leben führen. Denn in den drei großen Abschnitten hat es ja immer neue Zwischenstationen gegeben, von Celle nach Hannover, von Hannover nach Berlin, neue Wohnungen, neue Mühen, neue Gefährten und neue Gegner, neue kirchliche Aufgaben, vom Horror der Gropiusstadt bis ins gute, alte Schlachtensee.
Sicher kann man sich nichts oder nur weniges aussuchen. Fast immer waren es plötzliche, oft gewaltsame Veränderungen. Aber mir vorzustellen, ich hätte wie meine pastoralen Urväter ein Leben lang in einer Gemeinde arbeiten sollen – ich weiß nicht, ob ich jetzt hier sitzen könnte, am wirklichen Ende des Weges vor der letzten Station: lebenssatt. Natürlich gab es die Beständigen, die Frau und die Kinder und die Enkel – soweit die soviel Jüngeren sich auch entfernen mögen, in fremden Kleidern, fremden Vergnügungen, fremden Berufen – und ein paar Bücher, wenige, ganz wenige. Wenn es ganz ernst wird, nur eins. Verläßlicher Begleiter in allem Wechsel. Es liegt auf meinem Nachttisch. Ich kann es ohne Lupe nicht mehr lesen. Denn diese Bibel kann man in die Hosentasche stecken, und die Druckschrift ist entsprechend klein. Manche Seiten sind beschädigt.

Weihnachten 1938 hat sie mir meine Frau geschenkt. Das kleine Buch ist nicht verlorengegangen. Es war überall dabei, auch im Krieg, auch im Gefängnis, auch in Aden. Das klingt sehr fromm. Aber es ist nur das Geländer der Beständigkeit im Wechsel. Wer immer neu anfangen muß, kann es nur sehr schwer allein.

17. 3. 89

Während ich dies alles schrieb, ist in Berlin die Wende eingetreten. Ein rot-grüner Senat mit einer Mehrheit von Frauen. Eine doppelte Wende. Das war wirklich mutig. Das Geschrei in den schwarzen und braunen Lagern ist fürchterlich. Aber es wird schnell stiller werden. Ich habe heute abend wieder im Rundfunk zu kommentieren. Hier ist der Text:

Vom Mut, sich aufeinander einzulassen, habe ich vor vier Wochen an dieser Stelle geredet, liebe Hörerinnen und Hörer. Nun haben sie sich aufeinander eingelassen. Gestern abend ist der rot-grüne Senat in Berlin ins Amt gekommen. In Frankfurt wird es nach den Wahlen des vorigen Sonntags mit an Sicherheit grenzender Wahrscheinlichkeit ein ähnliches Bündnis geben. Über beide Städte wird in diesen Tagen ausführlich berichtet, und eine Flut von Kommentaren steht uns nun ins Haus. Ich will die Ereignisse als solche heute abend nicht bewerten. Ich will fragen: Was haben sie mit der vielberedeten politischen Kultur in unserem Lande zu tun? Was kann sich auf längere Sicht verändern – zum Guten oder zum Bösen?

1. Die alte Parteienlandschaft ist gründlich durcheinandergeraten. Wir sollten darüber nicht trauern. Ob es über Jahrzehnte sozusagen gottgegeben war, daß zwei große Volksparteien alles und alle unter ihren Flügeln versammeln konnten, was von rechts bis links – was immer diese abgenutzten Begriffe bedeuten mögen – politische Beine hatte, ist mir sehr fraglich. So wie ich vor Jahren froh war, daß ein großer Teil der jungen Leute, die in der SPD ihre Heimat haben, oder hätten finden können, sich ihr buntes neues Haus bauten und als »Grüne« in die Parlamente einzogen, so natürlich ist es, daß nun ganz andere, höchst fragwürdige Leute ihre deutschnationalen Parolen selber sagen wollen. Es hat der SPD gutgetan, daß sie den frischen Wind der Grünen zu spüren bekam. Es wird der CDU/CSU guttun, daß sie sich nun entscheiden muß, eine christlich-orientierte, weithin katholische Mittelpartei zu werden, eine Art »Zentrum« der Weimarer Republik, oder wie im Frankfurter Wahlkampf den neuen Faschisten den Rang abzulaufen. Politische Kultur braucht Hygiene. Und sie braucht Vielfalt. Mehrere Optionsmöglichkeiten, keinen mittleren Einheitsbrei, in dem die Konturen verlaufen.

2. Bei einer solchen Entwicklung ergibt es sich wie von selbst, daß die dritte »Altpartei« ihren zweifelhaften Rang als bloßer Mehrheitsbeschaffer für jeweils eine der beiden anderen etablierten Parteien endlich verliert und nicht mehr in geradezu erpresserischer Weise als winzige Gruppe die Richtlinien der Politik beeinflussen kann. Ihr wird, wenn sie überlebt, die neue Situation auch guttun. Es reicht nicht, daß der vorzügliche Außenminister Genscher über Jahrzehnte im Amt bleiben kann.

3. Die Lagertheorie von Heiner Geißler war schon immer falsch. Ich freue mich, daß der kluge Kurt Biedenkopf es ausgesprochen hat, und Robert Leicht sagte das gleiche in seinem Leitartikel in der »Zeit«: Es geht überhaupt nicht mehr um die alten Klischees von rechts und links, es geht um einen Konflikt von oben nach unten. Alle drei alten Parteien haben für ihre Klientel gesorgt – und das sind eben nicht nur die reichen Gönner der FDP, sondern die Mitte –, also CDU und SPD haben sich um die große Mehrheit des Volkes gekümmert, um den Mittelstand im weitesten Sinn, um jene, die es gut und immer besser haben in unserer Zweidrittelgesellschaft. Das dritte Drittel, Arbeitslose, eine große Zahl der Rentner, ein Heer von Familien mit kleinen Einkommen, die verzweifelt eine Wohnung suchen, die sie bezahlen können, viele Alte, die einer menschlichen Pflege bedürfen, kommen meist nur in Reden und Absichtserklärungen vor. Jeder, der verdient, soll noch mehr verdienen. Das Motto der Republik ist wie zu Zeiten des Louis Philippe im Frankreich des vorigen Jahrhunderts die Parole geworden: »Bereichert euch!« Die Anspruchs- und Leistungsgesellschaft stößt immer mehr Menschen in die Randgruppen. Die Wahlanalysen der republikanischen Stimmen zeigen es deutlich: Bürger und Bürgerinnen mit geringem Bildungsgrad, ohne Berufsaussichten und mit kleinem Einkommen, Renten und Sozialhilfe fallen den braunen Rattenfängern zum Opfer. Die vielberedete Ausländerfrage ist nur die Lunte, die ans Pulverfaß gelegt wird. Das gleiche gilt für die Antworten auf die Existenzfragen unserer Gesellschaft: Wer ist zu schmerzlichen Konsequenzen bereit, wenn es der Über-

rüstung, der Zerstörung der Schöpfung an den Kragen gehen soll? Allein die starre Haltung der IG-Metall im Wahnsinn der Autoproduktion ist ein besonders abschreckendes Beispiel. Niemand will dem Durchschnittsbürger zugunsten des abgeschriebenen Drittels weh tun. Und dann wundert sich die aufgeschreckte etablierte Mittelstandsgesellschaft über den Stimmenzuwachs neuer Parteien. Die Bewegung, die in die alten Fronten geraten ist, sollte uns also Mut machen zu einer wirklichen Wende. Politische Kultur beweist sich im Umgang mit Minderheiten.

4. Es hat noch ein weiteres Beispiel gegeben, wie tapfer man sich aufeinander einlassen kann. Der Berliner Senat hat seit gestern eine Mehrheit von Frauen. Da meine Frau diese Sendung hört, muß ich auch von mir selber reden. Ich gestehe also, daß ich es bis ins hohe Alter schwer hatte, mich an den Vormarsch der Frauen in öffentliche Ämter zu gewöhnen. Die Männer meiner Generation haben es mit Mühe lernen müssen, daß sie nicht die Herren der Welt sind. Nun hat Walter Momper das doppelte Wagnis begonnen, nicht nur die alte, so schwer bewegliche SPD in eine Gemeinschaft mit den im politischen Geschäft so unerfahrenen Grünen zu führen, sondern sich einer Mehrheit von Frauen auszusetzen, die die Männer überstimmen können, es sei denn, der Finanzsenator erhebt sein ihm von der Verfassung zugestandenes Veto.

Welch ein zweites Wunder also! Die politische Kultur in unserem Lande kann, wenn es gutgeht, das Beispiel erleben, wie nicht nur zwei oder drei einsame Frauen in einer Männerregierung ein wenig mehr Farbe, Wärme und damit mehr Menschlichkeit zeigen als ihre männlichen Kollegen, sondern es gibt zum erstenmal eine Landesregierung, noch dazu in der schwierigen Stadt Berlin (West), die von Frauen bestimmt wird. Welch eine Chance! Nicht mehr die Leute »im grauen Zweireiher«, wie eine der neuen Senatorinnen sagte, werden das Bild bestimmen, auch keine verkniffenen Eiferinnen wie die bayerische Justizministerin, sondern junge Frauen in ihren bunten Kleidern. Sie werden sicher Blumen auf den Senatstisch stellen, und sie werden hoffentlich mehr Humor haben als viele der Männer, die ich in meiner zwanzigjährigen Amtszeit an Kabinettstischen kennengelernt habe.

Reicht das nun, mit den Schwierigkeiten fertig zu werden? Gewiß nicht. Der Sachverstand wird mehr gefragt sein als je zuvor, der Fleiß, die tägliche Pflichterfüllung. Aber für mich, das möchte ich heute abend in Bremen sagen dürfen, ist der gestrige Tag ein Zeichen der Hoffnung. Diese Hoffnung schließt ein, daß sich auch anderswo politische Kultur in einer neuen Offenheit beweisen kann, daß die Festungs- und Lagertheorien verschwinden, daß Parteien, Gewerkschaften und Kirchen sich öffnen für neue Möglichkeiten, daß wir uns ein bißchen weniger vor der Zukunft fürchten.

(Radio Bremen, 17. 3. 1989)

2. 3. 89

Die Karwoche beginnt. Ich habe mir mein letztes Buch vorgenommen – »Miserere nobis. Eine politische Messe« – und den Abschnitt über die Passion Jesu gelesen.

Es ist seltsam, Texten zu begegnen, die man selbst geschrieben hat, vor zwei Jahren, an diesem Tisch, vor demselben Fenster, ungefähr zur selben Zeit. Halten sie stand? Würde ich sie heute wieder so oder ähnlich schreiben können? Texte über das Ende des Weges Jesu, einmalig und unvergleichbar, weil es ein Anfang war, der über die Jahrhunderte gewirkt hat. Je älter ich werde, desto häufiger frage ich, ob wir nicht Ende und Anfang zu schnell miteinander vermischt haben. Die Zeit zwischen Karfreitag mittag und dem Ostermorgen ist sehr kurz geraten. Wie einfach kann man damit umgehen, wenn überhaupt noch etwas übriggeblieben ist vom Nachdenken über diesen Tod und diese Auferstehung. Das Volk der Deutschen (West) ist zu Millionen in den Urlaub gefahren, die eigenen Kinder in die Schweiz, ein Enkel nach London. Und ich selbst? Ich werde am Gründonnerstag mit meiner Frau in St. Stephani zum Abendmahl gehen. Eine Woche wie jede andere?
Auf dem Markt häufen sich die Bücher über die Verbrechen, die im Namen des Gekreuzigten begangen worden sind, über die Untaten der Päpste, die Scheiterhaufen für die Hexen, die Unterdrückung der Frauen, die Verklemmungen christlicher Sexualmoral, die elenden Bündnisse mit den Mächtigen von Konstantin bis Somoza. Vor mir liegt der kommende Kirchentag in Berlin wie ein Berg. In der Deutschlandhalle soll ich den Eröffnungsgottesdienst halten. Der vorgeschriebene Text lautet: »Die Zeit ist erfüllt, und das Reich Gottes ist herbeigekommen. Tut Buße und glaubt an das Evangelium.« So steht es bei Markus im 1. Kapitel als der erste Satz der ersten Predigt Jesu von Nazareth, den

sie, den wir hingerichtet haben, das Volk und Pilatus, Pilatus und das Volk. Ich sehe die riesige Halle vor mir, in der vom Reitturnier bis zum Sechstagerennen, von Grüner Woche bis zur Deutschen Industriemesse sich die Zeit auf unsere Weise erfüllt. Und soll vom Reich Gottes reden, das herbeigekommen sei. Vielleicht benutze ich die Karwoche, um über den Text nachzudenken.

21. 3. 89

Nichts mit Nachdenken! Schon das zweite Telefongespräch wegen der terroristischen Häftlinge im Hungerstreik. Der erste von ihnen ist in Lebensgefahr – aber nichts und niemand bewegt sich. Nur Ratlosigkeit und Prinzipienreiterei auf beiden Seiten.
Dazu die ersten Hausbesetzungen in West-Berlin als Kraftprobe der Szene gegen das rot-grüne Bündnis. Der Senat läßt räumen. Dieser Senat. Respekt!

22. 3. 89

Bischof Scharf und ich haben an Walter Momper einen Brief geschrieben, um ihn zu ermutigen, einen Schritt nach vorn zu tun. Es ist fast eine Zumutung für ihn. Er hat genügend andere Sorgen. Aber vielleicht hat gerade dieser neue Senat die Kraft, auch andere Länder zu bewegen. Es hat wahrlich schon genügend Tote gegeben. Jedenfalls ging der Tag im Hin und Her der Gespräche zwischen Berlin und Bremen vorüber. Wieder in einer Osterwoche, wie 1981. Damals starb ein Häftling in Hamburg. Natürlich trug er dafür zuerst selbst die Verantwortung. Natürlich ist jeder Hungerstreik eine Erpressung des Staates. Aber wer ist der Stärkere? Hoffentlich unser Staat. Und Stärke heißt vor allem Vernunft. Antje Vollmer hat gesagt, zwei Geisterzüge führen aufeinander zu. Ich fürchte nur, einigen Unentwegten wäre ihr Zusammenprall sogar recht. Auf beiden Seiten wieder Tote, im Gefängnis, auf den Straßen – welch ein nützliches Thema! Es hilft zu noch mehr staatlicher Gewalt und lenkt von den wirklichen Problemen unseres Landes ab. Und für die RAF gibt es neue Märtyrer.

Gründonnerstag, 23. 3. 89

Der Brief hat gewirkt. Es kommt zu Gesprächen.
Alter ist kein Rückzug. Kurt Scharf in diesen Tagen! Als ob er nicht sechsundachtzig Jahre alt wäre. Die Stimme am Telefon ist fest und klar, fast fröhlich. Er ruft Ministerpräsidenten im Urlaub an. Er ist kein Privater geworden. Schon gar nicht ein Bischof im Ruhestand. Wenn man mit ihm spricht, wird die Luft besser.
Sie stinkt aus Bonn und München. Das Ostertheater über die Lage der Regierung läuft auf vollen Touren. Sie stinkt aus Washington. Präsident Bush hat seinem neuen Kollegen in El Salvador volle Unterstützung zugesagt. Er ist ein Mann der rechtsextremen Arenapartei, der berüchtigten Todesschwadronen.
Draußen Sturm. Schauerböen. Es geht mir nicht gut.

Karfreitag, 24. 3. 89

Es ist fast unmöglich zu beschreiben: dieser kolossale, menschenverachtende Wahnsinnsbau. Er steht noch auf bremischem Staatsgebiet, der schönsten Großstadt Deutschlands, wie ich heute lese, im äußersten Norden, oberhalb der Farger Fähre. Sucht man ihn auf der Stadtkarte, findet man nur einen leeren weißen Fleck. So sehr schämt man sich, ihn vorzuzeigen. Nur die Bundesmarine schämt sich nicht. Sie hat hier ein Materiallager eingerichtet. Vor dem hohen Drahtgitter am Eingang prangt das Wappen der Bundesrepublik Deutschland. Eine Dienstflagge der Bundesmarine hat sich im steifen Westwind um den Mast geschlungen.
Meine Freunde und ich stehen vor dem U-Boot-Bunker »Valentin«. Ein Bremer Stadtführer schreibt: Mit dem Bau dieses Bunkers wurde 1943 begonnen. Er sollte als gigantische U-Boot-Fabrik dienen. Die Militärs hatten ihm den Code-Namen »Valentin« gegeben – nach dem »V« von Vegesack. Bei Kriegsende war er ein unfertiger Koloß, 426 Meter lang und 29 Meter hoch. Seine Wände sind bis zu sieben Meter dick. Zwölf Meter reicht der Beton ins Erdreich. Aus seinen 200000 Tonnen Zement und 26000 Tonnen Stahl hätte man eine Stadt für 60000 Menschen bauen können. Die Kosten betrugen 120 Millionen Reichsmark.
Die Schwerstarbeit beim Bunkerbau leisteten 10000 Zwangsarbeiter, KZ-Häftlinge und Kriegsgefangene. Sie wurden aus ganz Europa zusammengekarrt. Zuerst waren die Häftlinge in einem großen Bunker fünfzehn Meter unter der Erde untergebracht. Diese Unterbringung hatte zur Folge, daß durch die schlechte Luft, die

Kälte und Feuchtigkeit sehr viele Häftlinge krank wurden und zu sogenannten Muselmännern abmagerten. Als Muselmänner wurden Häftlinge bezeichnet, die praktisch nicht mehr arbeiten konnten, die nur noch aus Haut und Knochen bestanden und sehr bald nach Arbeitsbeginn starben.
Die Toten wurden einfach in den Zement geworfen, die Fundamente und Mauern sind also voller Skelette der von der Reichsmarine ermordeten Opfer.
Der Riesenbau steht schwarz gegen den Abendhimmel, er ist wirklich unbeschreiblich. Wie ein gigantischer Sarg – nutzlos, sinnlos. Man hat versucht, ihn zu sprengen. Wir gehen den endlosen Weg um ihn herum, zur Weser hinunter, und stehen vor dem finsteren Loch voll dunklen Wassers, aus dem die U-Boote in den Fluß gesetzt werden sollten. Es ist dort niemals eins gebaut worden. Jenseits der Weser geht in einem blutigen Abendrot die Sonne unter. Auch der schwarze Koloß färbt sich rötlich, als schwitze er das Blut der Ermordeten aus. Aber es ist eiskalt. Wir frieren und gehen zurück zum Eingangstor.
»Materiallager der Bundesmarine«. Der sauber geputzte Bundesadler, schwarz-rot-gold. Die Wache hinter hellen Fenstern einer Baracke, wahrscheinlich Karten spielend. Ein weiteres Schild: militärisches Sperrgebiet mit der Drohung von Schußwaffengebrauch beim unbefugten Betreten. Wer sollte es betreten wollen? Um die Leichen zu suchen, die nun in schöner Tradition der vornehmste Teil der Bundeswehr, die hochgestochene Marine, bewacht? Sie müssen Hornhäute wie Alligatoren haben, diese feinen Herren.

Im September 1983 schließlich wurde vor dem Denkmal des Grauens ein Denkmal eingeweiht, vom Senat der Hansestadt, natürlich nicht von der Bundeswehr. Seine Inschrift entspricht einem Vorschlag französischer Häftlinge. Sie lautet in mehreren Sprachen: »Von 1943–1945 wurden an diesem Ort Menschen aus vielen Ländern unter dem Nationalsozialismus gefangengehalten und vernichtet. Mit ihrem Widerstand gegen die nationalsozialistische Unterdrückung kämpften sie für die Freiheit und die Achtung der menschlichen Würde.«
Die Quelle der von mir zitierten Texte stammt aus einem Büchlein: »Radtouren rund um Bremen«. Aber der Stadtplan zeigt das mörderische Ungeheuer nicht.

Heute, am Karfreitag 1989, sitzt die Wache weiter im Warmen und beschützt die unbekannten Materialien der Bundesmarine. In strömendem Regen. Welcher Wahnsinn war möglich, ist möglich, wird möglich sein, am Todestag Jesu, jedes Jahr?

Ostersonntag

Am Karfreitag abend kam ein Eilbrief der Heinrich-Böll-Stiftung mit der Bitte, einen Osterappell zu unterschreiben. Schon Samstag lief er über die Fernsehsender. Ich schreibe ihn ab, damit er als Dokument erhalten bleibt.

Osterappell 1989

Offener Brief zum Hungerstreik der RAF-Gefangenen an die politisch Verantwortlichen und an die RAF.

Die Gefangenen der RAF sind in einen Hungerstreik für ihre Zusammenlegung getreten und haben in einer Erklärung ihr Anliegen formuliert, »an der gesamten gesellschaftlichen Diskussion teilnehmen zu wollen«. Wir sehen hierin ein Signal und begreifen es als Chance, den 18jährigen Weg von Gewalt und Gegengewalt zu beenden und Raum zu schaffen für eine neue Offenheit zur geistigen und politischen Auseinandersetzung.
Wir appellieren an die politisch Verantwortlichen, dieser Chance einen Weg zu ebnen und die Voraussetzungen für Gespräche und Diskussionen unter den RAF-Gefangenen und mit Menschen von außen zu schaffen. Wie sonst soll verhindert werden, daß es wiederum innerhalb und außerhalb der Gefängnismauern Tote gibt und daß immer mehr junge Leute über den Protest gegen die inhumanen Haftbedingungen zur RAF und ihrem Umfeld Zugang finden?
Wir nehmen die Erklärung der RAF-Gefangenen vom 1. Februar zum Hungerstreik sehr ernst. Wir appellieren an die Gefangenen der RAF, die Haltung des alles oder nichts aufzugeben und die Bereitschaft zur Diskussion auch in der praktischen Umsetzung zu unterstützen. Es geht nur in direkten Gesprächen. Sie sind jetzt möglich und notwendig.

Wir appellieren an die politisch Verantwortlichen, an die Ministerpräsidenten der Länder und an die Justizminister:
Warten Sie nicht länger mit einem deutlichen Signal, das Leben erhalten hilft und niemanden das Gesicht verlieren läßt. Wir sind überzeugt, daß es trotz aller Verhärtungen eine für beide Seiten akzeptable Lösung geben kann und geben muß.
Wir appellieren, nicht länger auf den besonderen Haftbedingungen für die RAF-Gefangenen zu beharren und durch eine Zusammenlegung in größeren Gruppen die Voraussetzungen für Gespräche und Diskussionen unter den Gefangenen der RAF und Menschen von außen zu schaffen.
Wir hoffen dringend darauf, daß einer von Ihnen als erster den Mut hat, ein solches Angebot zu machen.

Heinrich Albertz, Dr. Thea Bauriedl, Lukas Beckmann, René Böll, Prof. Dr. Karl Bonhoeffer, Dr. Carlchristian von Braunmühl, Dr. Claudia von Braunmühl, Hilde von Braunmühl, Dr. Hubertus von Braunmühl, Dr. Wilhelm von Braunmühl, Prof. Dr. Dieter Georgi, Ralph Giordano, Antonie Heidemann, Birgit Laubach, Prof. Dr. Jürgen Moltmann, Margot Overath, Prof. Dr. Ulrich K. Preuß, Astrid Proll, Dr. Kurt Scharf, Prof. Dr. Dorothee Sölle, Willi Stöhr, Dr. Antje Vollmer

Alle Mitglieder der Familie Braunmühl haben ihn unterzeichnet, also die Opfer eines Terroranschlages. Das Engagement dieser Familie ist immer wieder eine bewegende Sache. Heute bringt unsere Bremer Sonntagszeitung eine lange Meldung, daß die Experten von Verfassungsschutz und Bundeskriminalamt für eine Zusammenlegung der Häftlinge seien, der Generalbundesanwalt – natürlich – dagegen. Hoffentlich setzt sich die Vernunft durch. Es wäre das schönste Ostergeschenk.

Osterdienstag

Fünfundvierzig Minuten »Presseclub« in der ARD zum Thema Hungerstreik, die »Süddeutsche« schreibt einen sehr mutigen Leitartikel zum selben Thema, heute abend »Monitor« mit Klaus Bednarz zur selben Sache. Alle unterstützen eine vernünftige Reaktion der Justizbehörden. Was die Springer-Blätter schreiben, habe ich nicht gelesen. Aber: Ein Stein ist ins Wasser gefallen und zieht Kreise.

Memorial für einen, der nicht alt werden durfte

Er war fünfzehn Jahre alt, als er zu Beginn des Schuljahres 1930 die Obersekunda des König-Wilhelm-Gymnasiums in Breslau betrat. Wir sahen ihn hereinkommen, den »Neuen«, der uns schon angemeldet war – aus Waldenburg, für die Hauptstadt Breslau also

Provinz. Er war schön. Ein schlanker Junge, mit einem edlen Kopf, in sauberem Anzug, wohlgescheitelt, ja fast zu sauber für uns etwas legere Gemeinschaft. Die Klasse war schon klein geworden, höchstens ein Drittel der Sextaner erreichten ja das Abitur. Ich bat ihn, sich neben mich zu setzen. Damit begann unsere Freundschaft.

Er war, nicht nur im Äußeren, das vollständige Gegenbild zu mir. Fleißig und genau, fast ein wenig zu ernsthaft, langsamer in seinen Bewegungen. Er hat mich bis zu seinem frühen Tod immer für leichtsinnig gehalten. Aber für zehn Jahre war er, neben meiner Frau, seiner Schwester, die er wie ein Erzengel behütete – und mich auch fünf Jahre mit Erfolg von ihr fernhielt –, und meiner Mutter mir der nächste Mensch. Wir sahen uns nach der Schule jeden Tag. Die Wohnungen lagen nur fünf Fahrradminuten auseinander. Ja, er kam oft spät zu mir, später, weil er seine Schularbeiten ernst nahm. Aber dann waren wir glücklich zusammen, unbeschwert und voller Geschichten. Eine herrliche Zeit.

Schwierig wurde es, als er 1932 in den Sog der Nazis geriet. Er hatte große Schwierigkeiten mit diesem ordinären Pack. Aber was sollte ein Siebzehnjähriger mit einem deutschnationalen, arbeitslosen Vater und einer kranken Mutter anderes gutheißen als diese Form von Ausbruch aus der bürgerlichen Konvention. Wir blieben noch die ersten beiden Semester in Breslau zusammen, dann ging er freiwillig, wirklich noch freiwillig, 1934 in den Arbeitsdienst und verschwand für viele Wochen aus meinen Augen. Endlich kam ein Brief. Er hatte genug und erkannt, wohin er geraten war. Er ist

dann einer der überzeugtesten Studenten und Vikare der Bekennenden Kirche gewesen. Viel konsequenter als ich, machte mit mir die illegalen Examen und wäre sicher bald einer der wichtigsten jungen Pastoren in Schlesien auf dieser Seite des Widerstandes geworden. Aber er wurde gemustert und für tauglich befunden – kein Schwejk wie ich –, und sie zogen ihn ein. Weihnachten 1939 hat er uns das letzte Mal besucht, von der Westfront auf Urlaub. Am Tage des Waffenstillstandes mit Frankreich ist er gefallen. Kameraden berichten, er sei in das französische Maschinengewehrfeuer geradezu hineingelaufen. Er sei sofort tot gewesen. Ob er es bewußt getan hat, weil er es nicht mehr aushielt? Wer kann dies wissen?
Kurt Schall wäre heute, am 3. April 1989, vierundsiebzig Jahre alt wie ich. Einer von Hunderttausenden, die nicht leben durften und nicht alt wurden. Es ist mir unvorstellbar, ihn als alten Mann neben mir zu sehen, ein Pfarrer im Ruhestand wie ich. Er bleibt der Junge, der damals in unsere Klasse trat. Aber was wurde vernichtet, wer wurde vernichtet? Wieviel Leben ging unter, weil ein Wahnsinniger den Krieg wollte und noch 1944 die Leute schrien, sie wollten ihn, total.
Nein, es gibt keinen Sinn. Gar keinen. Da ist nur Trauer und Scham. Was wissen die Soldaten der Bundeswehr, die Soldaten aller Länder davon? Ich fürchte, sehr wenig.

Die anderen, die einfach Geschlachteten, Vergasten, Verbrannten, hatten keine Waffen. Sie sind wehrlos gemordet worden. Soldaten waren an diesem Mord beteiligt. Gott sei Dank nur eine Minderheit. Oder

schauten zumindest weg. Genügend Filme zeigen es. Genügend Dokumente der Schuld kommen ans Tageslicht. Aber auch unter den Gefallenen waren Täter, Helfer, Mitwisser der Verbrechen von SS und Sicherheitsdienst. Opfer und Täter sind unauflöslich miteinander verbunden.
Wir Überlebenden, alt Gewordenen, meine Generation, die Jahrgänge der bis 1921 Geborenen, wir leben auf ihren Gräbern, schuldig davongekommen. Aber der Sessel, auf dem der Freund so oft in meiner Breslauer Stube gesessen hat, steht noch als einziges Möbelstück einer vergangenen Welt in meinem Zimmer in Bremen. Ich sehe ihn an und denke an den toten Jungen.

5. 4. 89

Nun ist der Nachbar tot. Nicht Wand an Wand mit mir, ein paar Zimmer weiter in der Pflegestation, aber doch sehr nah. Seine Kinder sind meine guten Freunde. Die letzten Tage schaute sein ihm nahestehender Schwiegersohn Henning vorbei, auch als es darum ging, ob man den mühsam Sterbenden noch in die Klinik bringen sollte, auf die Intensivstation, an die schrecklichen Schläuche. Sie haben es nicht getan, und das war richtig. Du sollst niemand töten, aber du sollst das Sterben nicht verhindern und die Qualen. Diese Verlängerung des Lebens, die die moderne Medizin bringt, ist nicht gottgewollt.
Ich erinnere mich, wie er ins Haus kam nach einem schweren Schlaganfall. Wie er auf unserem Flur das

Gehen übte. Wie er ausgefahren wurde, sogar in meinen Gottesdienst nach St. Stephani. Er konnte kaum noch sprechen. Aber er verstand alles, bis zuletzt. Auch daß er bald sterben würde.

Die seltsame Mischung heute, von Trauer und Mitleiden, von Angst und Pflege befreit zu sein. Ja, natürlich: Seine Frau ist nun befreit. Sie konnte die Last nur schwer tragen. Die Last des Alleinseins wird sie wie alle lernen müssen.

So sitze ich und schreibe und denke natürlich daran, wie es mit uns gehen wird beim Sterben und mit dem Tode. Es ist gut, die Beispiele nahe zu haben. Wie glücklich sind die, die der Tod im Schlaf überrascht. Wie furchtbar ist es für die, den Toten am Morgen zu finden. Der Tod geht durchs Haus, wenn es ganz still ist, dieser letzte Freund, der Befreier von allen Schmerzen, und tritt ein. Wann? Morgen? In zehn Jahren? Bei wem zuerst? Bei dir, bei mir?

Wenn ich morgens am Telefon sage: Das Frühstück ist fertig, bitte komm, und der neue Tag beginnt, und sie antwortet, ja, ich komme, mein Lieber – welch ein Glück!

Heute, am selben 4. April, wird die jüngste Enkeltochter in Berlin sieben Jahre. Ich stelle mir ihre Geburtstagsgesellschaft vor. Sicher mehr als ein Dutzend kleine Mädchen und Jungen. Lärm und wilde Spiele. Und eine erschöpfte Mutter mit ihrem vierten Kind und doch hoffentlich am Abend auch ein bißchen glücklich. Der Bogen des Lebens ist weit.

Da ich im Winter Geburtstag habe, feierten wir immer im Zimmer. Nur Jungens. Ich hatte meine Eisenbahn schon vorher aufgebaut. Wir lagen auf der Erde. Es gab ausgearbeitete Fahrpläne. Die Züge wurden geschoben, weil wir sie nicht dauernd aufziehen wollten. Elektrische Lokomotiven gab es noch nicht. Aber am Schluß ein lautes Pfänderspiel und die unvergeßliche Zitronenspeise.

6. 4. 89

Die Wickert-Institute veröffentlichten in der Münchner Zeitschrift »Wiener« folgende Zahlen über deutsche Ansichten (West) über Hitler an dessen hundertstem Geburtstag: »Hitler ist ein verkanntes Genie (32 %), ein großer Staatsmann (44 %), ein Idealist (43 %), der den Krieg eigentlich gar nicht wollte, und ihn verlor, weil seine Generäle in verrieten (8 %), und er selbst am Schluß geistesgestört war (66 %). Hitler wollte die Juden gar nicht umbringen (28 %), so viele Juden sind auch gar nicht ermordet worden (33 %), außerdem waren sie selbst daran schuld (18 %). Und überhaupt werden die Schrecken der Nazizeit übertrieben (36 %).«
Das sind die Wähler aller Parteien, die Christen in den Kirchen Westdeutschlands, meine Zeitgenossen 1989. Frühere Studien haben ähnliche Ergebnisse gebracht. Alle sind nur ein erschreckender Beweis für eine jahrzehntelange Verdrängung, mangelnde Schulbildung und einfaches Desinteresse von Leuten, die alle Automarken auswendig können und den jeweiligen Stand der Fußballbundesliga dazu. Sie werden von einem Bundeskanzler regiert, der Gorbatschow mit Goebbels vergleicht, und leben in einem Lande, dem demokrati-

sche Umgangsformen immer noch fremd sind, zu zwei Dritteln im Wohlstand wie noch nie, als ob wir den Krieg gewonnen hätten. Die Aufregung über die Erfolge der sogenannten Republikaner erweisen sich also erneut als pure Heuchelei.
Was schreibe und rede ich seit Jahrzehnten dagegen an? Was nützt uns unser Bundespräsident wirklich? Zorn und Trauer, Trauer und Zorn. Und die Mitverantwortung an dieser Verdrängung seit 1945. Das bleibt als bitterer Geschmack nach solcher Lektüre.

Es sind nun einundzwanzig RAF-Gefangene im Hungerstreik. Die »Tagesschau« hat sich meine Telefonnummer geben lassen. Warten sie auf den ersten Toten? Bereit sein ist alles. Makaber.

8. 4. 89

Heute morgen ein neuer Brief der Heinrich-Böll-Stiftung. Er wird mir am Telefon vorgelesen. Die Familie von Braunmühl ist wieder bei den Unterzeichnern. Noch nie sind Vernunft und Wahnsinn so dicht beieinander gewesen. Dies alles soll nicht vergessen werden, was immer geschieht. Darum der Text:

Zweiter Aufruf der Gruppe Osterappell 1989

An Staat und RAF-Gefangene

Kompromiß und Katastrophe sind jetzt ganz nah. Wer die Katastrophe will, ist kurz vor seinem Ziel. Wer nicht genug dagegen tut, macht sich mitverantwortlich.

Wir haben in unserem Osterappell gesagt: Es gibt eine für beide Seiten akzeptable Lösung. Dieser Satz ist auch heute noch wahr. Die vermittelnde Lösung gibt es immer noch. Ihre Umrisse sind einfach und deutlich. Das macht es leichter, es den Unnachgiebigen schwerer zu machen. Die Öffentlichkeit soll wissen, woran es liegt und an wem, wenn eine vermittelnde Lösung nicht zustande kommt. Die Unschuld, in der sich die Unnachgiebigen ihre Hände waschen könnten, wird es nicht geben.

Aber noch gibt es eine mögliche Lösung. Im Kern ist es dies:

– Die Gefangenen erhalten Möglichkeiten, zusammensein und miteinander reden zu können;

– in Gruppen mittlerer Größe. An der genauen Zahl darf eine Lösung nicht scheitern;

– ein Austausch zwischen den Gruppen ist möglich;

– zum Zweck der politischen Auseinandersetzung – auch mit Andersdenkenden – können mehrere Gruppen für einen begrenzten Zeitraum zusammengeführt werden.

Gegen eine solche Lösung werden viele Argumente angeführt: Erpreßbarkeit, Sonderstatus und Verfestigung sind Stichworte für ernst gemeinte und ernst zu nehmende Bedenken.

Es muß abgewogen werden:

– Der Rechtsstaat soll sich nicht erpressen lassen. Aber er darf sich auch nicht zum Gefangenen seiner eigenen Strategie machen. Und: Er hat eine Fürsorgepflicht den Häftlingen und den Opfern möglicher künftiger Anschläge gegenüber. Wenn er diese Pflicht erfüllt, handelt er menschlich und verliert nicht sein Gesicht. In Unnachgiebigkeit liegt nicht seine Stärke.

– Es soll keinen Sonderstatus geben. Aber: Es gibt die besonderen Haftbedingungen – besonders für RAF-Gefangene – schon immer. Am Gruppenvollzug ist nichts Unrechtmäßiges. Auch früher ist darin kein Privileg gesehen worden. Warum soll es nicht einen ausdifferenzierten Normalvollzug geben, mit besonderen Haftbedingungen für besondere Gefangenengruppen? Die Gefangenen aus der RAF sind eine besondere Gruppe. Daß sie Zusammenhalt und das Gespräch miteinander viel dringender als andere brauchen, ist verständlich. Warum ihnen diese Möglichkeit nicht zugestehen?

– Es heißt, dadurch verfestige sich ihre rechtsfeindliche Haltung. Diese Ansicht ist umstritten. Aber selbst wenn es so wäre, menschliche Kontakte und Gespräche lassen sich ihr Ergebnis nicht vorschreiben. Sie sind nicht das bessere Ab- oder Auslösungs-Instrument. Wer Dialog anbietet und dabei nur an Ausstiegshilfe denkt, braucht sich nicht zu wundern, wenn er auf Ablehnung stößt. Die Gefangenen sind erstmals bereit, sich auf die politische Diskussion mit Andersdenkenden einzulassen. Dazu müssen sie auch die Möglichkeit haben, miteinander zu sprechen.
Und das Risiko? Sie miteinander sprechen zu lassen, hat vielleicht eine Verfestigung innerhalb, Hungertote hätten sicher eine Verfestigung der RAF außerhalb der Gefängnisse zur Folge.
Solche Abwägung führt zu einer »Mittel-Lösung«. Sie wäre nicht das »Alles für alle«, das die Gefangenen fordern. Aber auch nicht ein unbefriedigendes »Etwas für einige«, sondern erfüllte für alle *den* Teil der Forderungen, der im Sinn eines humanen Strafvollzugs von vie-

len Menschen als berechtigt anerkannt werden kann.
Die Vorschläge der Länder sind kein Geheimnis mehr. Und es ist offenkundig, wie uneinheitlich ihre Linie bisher ist. Jetzt ist es an der Öffentlichkeit, die Verantwortlichen auf allen Seiten zu drängen. Alle, insbesondere die Kirchen, sollen dabei helfen und jetzt so laut sprechen, daß man sie auch hören kann.

Wir appellieren:
An Bayern, Baden-Württemberg und Hessen: Stehen Sie einer Zusammenlegung nicht im Wege.
An Berlin, Schleswig-Holstein, Niedersachsen und Nordrhein-Westfalen: Viele erkennen Ihr Bemühen. Doch wo bleiben die konkreten Angebote? Tun Sie etwas, auch wenn es auf Ihre Länder beschränkt ist. Sagen Sie jetzt nicht nur, wozu Sie bereit gewesen *wären*.
An die Gefangenengruppe: Lehnen Sie einen Vorschlag, der Ihre Möglichkeiten, zusammensein und miteinander sprechen zu können, deutlich verbessert, nicht ab. Sie werden keinen Menschen, der es ehrlich meint und nachdenkt, davon überzeugen, daß Sie nur in Großgruppen den »Zusammenhang, der Teil von Ihnen geworden ist«, entwickeln können. In Gruppen mittlerer Größe muß sich niemand durch Isolation gefoltert fühlen. Zeigen Sie den Menschen, daß Ihr Hungerstreik wirklich ein Streik für humanere Haftbedingungen

ist, und widerlegen Sie die Angst, daß Ihre Aktion neue RAF-Mitglieder rekrutieren und möglichen künftigen Mordanschlägen den Weg bereiten soll.

Dr. Carlchristian von Braunmühl, Hilde von Braunmühl, Dr. Hubertus von Braunmühl, Dr. Wilhelm von Braunmühl, Dr. Claudia von Braunmühl, Prof. Dr. Karl Bonhoeffer, Dr. Thea Bauriedl, Lukas Beckmann, Carola Stern, Prof. Dr. Dieter Georgi, Dr. Antje Vollmer, Antonie Heidemann, Inge Aicher-Scholl, Birgit Laubach, Heinrich Albertz, Dr. Kurt Scharf, Prof. D. Helmut Gollwitzer, Prof. Dr. Dorothee Sölle, Martin Walser, Dr. Gerd Pflaumer, Prof. Dr. Jürgen Seifert.

Wir haben trotz allem beschlossen, schon Ende nächster Woche nach Juist zu fahren. Wir müssen einmal heraus – auf die Insel, direkt ans Meer. In die beste Luft, die wir noch haben. Heute in Bremen Gewitter, Schwüle. Man wird immer abhängiger vom Wetter.

10. 4. 89

Sie haben sich nicht geeinigt. Sieben Stunden Justizministerkonferenz. Inzwischen einunddreißig Häftlinge im Hungerstreik. Große Finsternis.

17. 4. 89

Die Insel

Ein kleiner Tisch. Ein Stuhl. Das Fenster. Ich sehe auf die Düne. Strandhafer. Fünfzig Meter weiter der Deich. Breiter, weißer, leerer Strand. Das Meer. Aber hier nur Himmel. Wind, viel Wind. Keine Post, keine Zeitungen. Das Schiff hat sich verspätet. Das Wasser lief nicht nach seinem Fahrplan auf. Wenige Menschen im Hotel. Große Ruhe. Die Insel Juist kennt keine Autos. Welch große Wohltat.

Die Fahrt hier herauf in den äußersten Norden: langsam, langsam. Wenn du nicht mit Intercity-Zügen fährst, lebst du wieder wie 1950. Auch die abgelegenen Grenzregionen spiegeln auf ihre Weise die Zweidrittelgesellschaft. Die einzige Fähre am Tag voller Einheimischer, die zum Einkaufen auf dem Festland waren. Viele, viele Kinder. Fast alle blond und blauäugig. Auch die Mütter – wie aus einem nordischen Bilderbuch. Soldaten auf ihrem kurzen Wochenendurlaub. Ein paar alte Leute wie wir.

Alles liegt weit weg. Im Konflikt zwischen Staat und Terroristen eine Atempause. Die persönlichen Kontakte zu den Gefangenen und ihren Anwälten haben geholfen. Die beiden am meisten Gefährdeten haben ihren Hungerstreik ausgesetzt. Das Klügste, was sie tun konnten. Die Leute in Bonn und München und Stuttgart halten weiter martialische Reden.

Das Unglück im Fußballstadion in England. Ein umgestürzter Zug mit giftigen Stoffen zwischen Bremen und

Hamburg. Der neue Informationsminister gibt seinen Einstand. Alles ist hervorragend.
Und alles ist weit weg. Ein Fasanenpaar schreitet die Dünen hoch. Das Männchen bunt und gravitätisch, das Weibchen recht unscheinbar.
Die Insel. Ich habe eine merkwürdige Vorliebe für die Abgrenzung und das Eingeschlossensein. Das Wasser, oder die Mauern um West-Berlin oder die Grenzen um die Kleine Hansestadt Bremen, hier kaum fühlbar, aber doch gegenwärtig. Völlig verrückt, aus dem vollen Frühling in diese stürmische Kälte zu fahren. Aber die Luft, die Luft, sauber und frisch wie Champagner. Ganz selten gehen ein paar vermummte Menschen den schmalen Weg hinauf zum Schwimmbad. Sonst nichts. Doch: Zwei junge Eltern ziehen einen Bollerwagen mit ihren Kindern den Weg hinauf. Bunte Farben: die Wagen grün, die Kinder in roten und blauen Jacken mit großen Kapuzen.
Ich muß, ich will den Geburtstagsbrief an unsere älteste Tochter schreiben.

18. 4. 89

Flucht also. Flucht in die Abgrenzung. Nur schwer erreichbar sein. Nicht jederzeit abfahren können. Die Wege sind hier bald überall zu Ende. Einer führt durch die Dünen. Seltsame, uns unbekannte große Wasservögel, Hasen springen aus den niedrigen Büschen. Kein Mensch weit und breit. Ein bißchen wie eine Mondlandschaft. Am Sonntag hat die Pastorin über einige Abschnitte der Schöpfungsgeschichte gepredigt. Ein

wenig sehr obenhin. Der Mensch bekam ja von Gott die Tiere geschenkt, daß er ihnen Namen gebe und mit ihnen rede. Sie sollten seine Gefährten sein. Aber der Mensch langweilte sich mit ihnen. Es war ein Mann, ein törichter Mann. Die Frau war das Erbarmen Gottes mit ihm, daß er nicht so einsam sei. Hätte er ihn mit den Tieren allein gelassen, wäre er nicht aus dem Paradies vertrieben worden. Aber allein geblieben mit Löwen und Elefanten und den kleinen Hasen und den Vögeln. Eine tiefsinnige Geschichte. Immer wieder – auch die Pastorin tat es – wird die uralte Schöpfungsgeschichte gegen die Naturwissenschaften verteidigt. Als ob das ihr Sinn sei. Und als ob die Naturwissenschaften uns menschlicher gemacht hätten. Der Baum der Erkenntnis bedeutete die Vertreibung. Jetzt kennen wir alles und haben nicht nur das Paradies verloren, sondern können die Welt zerstören. Hier auf der Insel redet man nicht gerne davon. Abends an der Bar sagt der alte Hotelier: Wir müssen uns umstellen, wir haben eine Badeabteilung gebaut, im Keller – wenn das Meer gesperrt wird. Es gibt Fortschritte: Die Fähre kippt ihre Abfälle nicht mehr in die See. Welch späte Einsicht!
Die Fasanen zu beiden Seiten des Weges bleiben ruhig sitzen und sehen uns an. Wir stören sie nicht. Sind sie zum Abschuß freigegeben, kommen sie in den Ort. Dort kann nicht geschossen werden. Kluge Tiere. Kluge Ostfriesen. Ich gehe am Arm meiner Frau. Gott sei Dank für seine Barmherzigkeit! Einmal bin ich zehn Tage allein auf der Insel gewesen. Es war nicht auszuhalten.
Heimweh ist eine Krankheit. Als ich zehn Jahre alt war, schickte mich meine Mutter zu Freunden auf ein schle-

sisches Gut zum Auffüttern. Die Gastgeber mußten mich nach drei Tagen wieder zurückschicken. Die böseste Zeit meines Lebens waren die Wochen im Kriegslazarett in Charkow, weil die vielgerühmte Feldpost ausblieb, und die Monate im Gefängnis. Heute kann man aus dem Knast sogar telefonieren. Heimweh ist leider erblich. Ich weiß noch, wie unsere älteste Tochter 1947 in einem Zug mit von Brettern vernagelten Fenstern zu einer Kindererholung auf eine Insel geschickt wurde, nach Langeoog. Sie weinte vier Wochen lang. Wir haben sie nicht zurückgeholt.
Die Ehe ist Befreiung von Einsamkeit. Nicht mehr und nicht weniger. Sie stirbt, wenn du den anderen allein läßt, auch wenn du bei ihm bleibst. Sie ist der unzulängliche Versuch, zwei Menschen zu helfen, durch ein fast unmögliches Versprechen: »bis daß der Tod euch scheide.« Es muß nicht der natürliche Tod sein. Es werden immer weniger Menschen, denen der Tod, dieser Tod, erspart bleibt. Soll man also ehrlich sein und sich lieber nichts versprechen? Ich weiß es nicht. In der römischen Kirche ist die Ehe ein Sakrament. Luther hat es beseitigt. Die Ehe war für ihn ein »weltliches Geschäft«. Er vollzog die Trauung im Vorraum der Kirche. Je älter ich werde, desto unsicherer bin ich, ob es klug war, so zu handeln. Wissend, welchen Berg von Lügen und Heuchelei in katholischen Ehen die römische Praxis angehäuft hat. Meine Frau und ich werden in ein paar Wochen fünfzig Jahre verheiratet sein. Es ist nicht unser Verdienst, wenn wir diesen Tag feiern können. Wer wird den anderen zu Grabe begleiten müssen? Welcher Egoismus, darum zu beten, es möge der andere sein!

Die Zeitungen sind voll der schrecklichen Geschichten von den mörderischen Krankenschwestern in Wien und einem Prozeß, der jetzt in Wuppertal gegen eine Schwester beginnt, die siebzehn alte Menschen auf ihre Weise zum Tode befördert hat. Sie werden begleitet von Analysen, daß die junge Generation in einen immer deutlicheren Haß gegen uns Alte stürzt, gegen die »Grufties«, für die sie die Renten bezahlen müssen, gegen die erdrückende Zahl der kommenden Jahre, die die Alterspyramide umdreht. In den vergangenen Jahrhunderten standen die alten Menschen, jedenfalls in ihrem Sittenkodex, ganz oben. »Du sollst deinen Vater und deine Mutter ehren...« Es gibt neuere Erkenntnisse, daß es auch früher nicht viel besser gewesen sei. Heute, so behaupten die Soziologen und Psychologen, habe sich das Verhalten junger Menschen völlig verändert. Für sie sind alte Menschen unnütze Esser, Schrott, abzuschieben und möglichst bald dem Tode zu überlassen. Eine bestimmte Grundhaltung ist spürbar: Das Leben ist zu genießen. Dieser Genuß aber wird eingeschränkt durch soziale Lasten. Und nicht wenige Jugendliche denken: diesen Alten verdanken wir ja die Zerstörung der Welt, den Wahnsinn von Rüstung und Beton und Gift, in dem wir leben müssen. Sollen wir dafür noch dankbar sein?
Man faßt in eine Schlangengrube. Schwestern, Altenpfleger morden alte Menschen, die ihnen zuviel Arbeit machen. Wieviel Schuld tragen die Strukturen unserer Krankenhäuser und Altenheime daran? Der Mangel an Pflegepersonal, dessen krasse Unterbezahlung? Die Hierarchie der Chefärzte? Die ständige Übertretung aller Vorschriften? Die grausige Nachwirkung der Vor-

stellung vom »lebensunwerten Leben«? Auschwitz? Irgendwo habe ich gelesen, die Alten würden bald die Juden sein. Ich fürchte, die Ellbogengesellschaft, in der wir leben, die wir Erwachsenen den jungen Leuten täglich vorführen, kann hier ihre bittersten Früchte tragen.

Franz Alt hat in seinem Baden-Badener »Report« vor ein paar Wochen drastische Beispiele von Ausländerfeindschaft vorgeführt. Heute nun zeigte er Ausschnitte aus Briefen, die ihn und seine Mitarbeiter erreichten. Eine Welle von Schmutz und Haß. Soweit es zu erkennen war, sind sie alle dabei, Frauen und Männer, Junge und Alte, die sogenannten Gebildeten und die Analphabeten. Die breite Stimmungslage der Nation, sicher keineswegs nur Anhänger der radikalen Rechtsparteien. Die deutsche Spießbürgerin, die Hitler an die Macht brachte. Sie meldete sich gleich wieder telefonisch zu Wort wegen eines Beitrages zur Verhinderung einer Gedenkstätte für ermordete Zwangsarbeiter durch die heutige Salzgitter AG, die ja wohl in öffentlichem Besitz ist. Der Vorstand ließ sich nicht sprechen. Bei einer Trauerfeier am Jahrestag der Befreiung der Überlebenden des Jahres 1945 erschienen von viertausend nur etwa hundert Arbeiter, vom Management niemand. Das ist unsere Republik 1989. Mit einem Louis Philippe an der Spitze und einem Volk in einer Mehrheit von Unbelehrbaren. Ich habe Alt einen Brief geschrieben, um ihn zu ermutigen. Wir dürfen nicht aufgeben, nein, um keinen Preis aufgeben.

19. 4. 89

Also doch keine Insel? Doch, doch. Hier müssen schon deshalb vernünftigere Menschen als auf dem Festland und dem elenden Sylt sein, weil sie im Urlaub auf ihre Autos verzichten und die Kurverwaltung strikt bei ihrem Verbot bleibt. Nur Feuerwehr, Rotes Kreuz und Ärzte dürfen Auto fahren, selbst die Post benutzt Elektrokarren. Ansonsten fahren nur Pferdewagen. Du mußt dich an das ungewohnte Getrappel erst gewöhnen. Aber bald hast du unter den Tieren Freunde und erkennst sie wieder, wenn sie ihre altertümlichen Gefährte an dir vorbeiziehen. Alles geht viel langsamer. Alle haben Zeit.

21. 4. 89

Warum schreibt man nicht auch ehrlich die Banalitäten auf? Seit gestern ist die kleine Welt in Juist für mich verwandelt. Denn die Pest ist aus Europa verbannt, aber nicht der Schnupfen. Ich sehe die Buchstaben kaum auf dem Papier, geschweige denn den Fasan, der nun schon ein alter Freund geworden ist. Es ist sehr ärgerlich.

24. 4. 89

Viel Aspirin. Viel Wein. Es geht wieder einigermaßen. Nachts lange Stunden ohne Schlaf. Die Stille ist hörbar. Kein Laut. Kein Eisenbahnzug. Kein Motor. Von wei-

tem gleich hinter der Düne das Rauschen des Meeres bei Flut. Ob das auch die Stille der Isolationshaft in den Sicherheitstrakten ist? Aber schon früh am Morgen sind die Vögel zu hören, nicht nur das Geschrei der Möwen. Lerchen, beim Weg auf dem Deich, die winzigen Wesen, mit ihren herrlichen Liedern. Meine Frau erklärt mir die Stimmen. Endlich, am Ende des Weges lerne ich dies alles, das Wichtigste.
Kaum Menschen auf der Insel. Die einheimischen, großen, blonden Ostfriesen, das Schönheitsideal des verkorksten Mannes aus Braunau – hundert Jahre wäre er jetzt alt – und des Herrn Goebbels, sie sind in der Minderheit. Viele Dunkelhaarige sind zu sehen. Wer mag hier alles gelandet, gestrandet sein? Vor allem nach 1945. Wir haben ja damals auch die Inseln in Anspruch nehmen müssen und erst langsam wieder leer gemacht, für den Kurbetrieb. Was sollten auch die unglücklichen Schlesier hier. Aber ein paar müssen geblieben sein. Man merkt es an den Namen. Das Hotel ist ein altes Haus mit den üblichen modernen Anbauten. Der große Speisesaal fast leer. Ein paar alte Ehepaare. Zwei oder drei einzelne Einsame. Die Woche über eine Gruppe einer Gewerkschaft, die hier ein Seminar über Arbeitsrecht abhält. Niedersachsen. Wir werden von Hannover regiert. Von Herrn Albrecht mit einer Stimme Mehrheit. Das wird sich nächstes Jahr ändern.
Hier ist Preußen. Seit der Große Kurfürst Emden als Kriegshafen erwarb und die ostfriesischen Stände sich freiwillig in Berlin meldeten. Preußen und reformiertes Land. Die Emdener wollten das nach 1945 vergessen. Sie räumten die Standbilder des Kurfürsten Friedrich

Wilhelm I. und des großen Friedrich vom Marktplatz in den Keller. Sozialdemokraten, leider, geschichtslos und töricht. Dann besannen sie sich. Nicht auf dem Markt stellten sie sie wieder auf, sondern weit draußen auf der Außenmole. Da stehen sie nun beide, der Große Kurfürst und der große König Friedrich II. und schauen aufs Meer. Wenn ich in Emden bin, besuche ich die beiden Einsamen, denen Ostfriesland alles verdankt. Nun hat man auch noch den Regierungsbezirk Aurich abgeschafft und den alten Nazigau Weser-Ems wiedererweckt mit Oldenburg und Osnabrück als Hauptstädten. Schade, schade. Regierungspräsident in Aurich wäre ich gern geworden auf meine alten Tage. Nicht viel zu tun. Der weite Himmel, das Meer und guter Tee. Und die schweigsamen Ostfriesen.
Aber diese Welt ist nicht heil. Das Land ist abgeschrieben. Das allerletzte Drittel der neuen Gesellschaft mit der höchsten Arbeitslosenzahl der Republik. Und nun kippt auch noch die Nordsee um.

26. 4. 89

Der erste Regentag. Das breite Fenster, vor dem ich sitze, läßt keine Langeweile zu: Vermummte Menschen, die ins Hallenbad hinaufsteigen, am Rand der Dünen, tapfer gegen den Sturm. Ich sehe sie für jeweils etwa dreißig Sekunden. Wer sind sie, wo kommen sie her, warum fahren sie zu dieser Jahreszeit auf die Insel? Meistens alte Leute. Es ist billiger jetzt. Vielleicht machen sie auch Kuren, verordnet vom Arzt trotz Gesundheitsreform. Die Mütter mit den bunten, kleinen Kin-

dern in ihren Bollerwagen bleiben heute weg. Aber die Vögel: Möwen und Brandenten in ihren herrlichen Flügen, fast ohne Flügelschlag, als ließen sie sich einfach vom Wind treiben. Es genügt ihnen zuzuschauen, auch einen ganzen Vormittag lang.
Das Fernsehen am Abend zerstört dann schnell alle Illusionen über die heile Welt. Der unsägliche neue Botschafter der Vereinigten Staaten übergibt dem Bundespräsidenten sein Beglaubigungsschreiben. Ein bewährter Kalter Krieger und strammer Antikommunist der fünfziger Jahre, in fast alle Interventionen seiner Regierung in die Politik anderer Länder verwickelt. Was soll er jetzt in der Bundesrepublik? Uns die neuen Raketen aufzwingen? Eine rechte Koalition unterstützen? Der Bundespräsident sah nicht sehr fröhlich aus. Die RAF-Gefangenen hungern weiter. Heute wird ein Brief an den Ministerpräsidenten Späth übergeben – er ist wohl die Schlüsselfigur des »starken« Staates. Die Möwen fliegen unbeirrt weiter.

30. 4. 89

Wieder in Bremen am vertrauten Schreibtisch. Es ist wirklich ein Zuhause geworden, diese letzte Heimat alter Leute. Die Rückfahrt, langsam, langsam, drei Stunden für 160 Kilometer. Aber schön: die ersten Bäume nach der baumlosen Insel, frisches Grün, Blüten, japanische Kirschen vor allem, junge Lämmer schon. Viele Soldaten in Zivil, die zum Wochenende nach Hause fahren. Müde, endlich ins eigene Bett. Warum verreist man eigentlich?

Heute noch ein ruhiger Sonntag. Morgen kommen tatsächlich die polnischen Filmleute, für eine Woche. Ich kann mir nur schwer vorstellen, wie das gehen soll: die Breslauer Bilder und meine Stimme und mein Gesicht zusammenzuschneiden.

8. 5. 89

Eine ganze Woche Filmen. Sehr anstrengend. Und sehr schön. Die beiden Polen sind nun gute Freunde. Der Regisseur, in Wroclaw 1947 geboren, der Kameramann aus Warschau. Der eine sehr aufgeschlossen, in seinem guten Deutsch mit all seinen Anweisungen, Vorschlägen, Phantasien, der andere ein stiller Mann, leider nur polnisch sprechend, ein Spieler mit dem Licht, mit der Sonne in den grünen Bäumen und den Lampen im Zimmer. Es scheint geglückt zu sein: die Komposition der Bremer Bilder, meines Gesichts in die Breslauer Stadtlandschaft, mit vielen abenteuerlichen Tricks – ein kleiner Teich in der Nähe meines Hauses als Stadtgarten in Breslau, das Fenster hier und das Fenster im Hotel dort, viel Spiegelung, Schatten. Ziemlich atemberaubend. Dazu der Text aus dem Buch »Die Reise« vorgelesen, dann noch einmal frei gesprochen. Die Gegenwart in die Vergangenheit hinübergenommen, die Vergangenheit ganz gegenwärtig. Ja, ich habe eine Woche hier in Bremen in Breslau gelebt. Glück und Elend dieser frühen Jahre waren da, als seien sie heute ineinandergeschoben, die Zeiten, abgelebte, so lebendige. Eine große Erfahrung.
Dazu die vielen Gespräche. Über die uns gemeinsame

Stadt, über Polen, damals, heute, Schlesien, früher, jetzt. Und die fast zärtlichen, fremden Laute, ein wenig singend, mit den »s« und »z« und »cz« und warmen Vokalen. Stanislaw Krzeminski hat inzwischen aus Mainz angerufen. Die Bilder, lange Rollen Film, sie sind alle gut geworden, sehr gut, sagt er glücklich. Nun fahren sie nach Breslau. Hoffentlich ist dort auch Sonne, damit alles zusammenpaßt, die Sonne hier und dort, die Bäume, das Wasser. Es war ein schmerzlicher Abschied. Das Zimmer, unordentlich von Fernsehgerät und vielen Kabeln, ist wieder leer. Er will wiederkommen und mir die Rohfassung zeigen, noch vor dem Kirchentag.

9. 5. 89

Gestern ein Essen auf Einladung der Deutsch-Sowjetischen Gesellschaft zu Ehren überlebender russischer Zwangsarbeiter, die hier in Bremen 1943–1945 gelitten haben. Ich saß neben einer ungewöhnlich warmherzigen alten Frau, Mutter von acht Kindern und vielfache Großmutter. Baptistin. Wir sprachen, als hätten wir uns seit eh und je gekannt. Ihre Jahre nach der Befreiung von den deutschen Schlägern müssen noch schlimmer gewesen sein als die hiesige Sklaverei. Noch unter Stalin verfolgt und umgesiedelt – weil sie gläubige Christin war –, nun endlich zur Ruhe gekommen. Sie hat die Baracke gefunden, in der sie eingesperrt war, am Hafen. Sie spricht nicht bitter über diese Zeit, nur traurig, unendlich traurig.
Danach eine Veranstaltung im schönsten Rathaussaal zum vierzigjährigen Jahrestag des Grundgesetzes. Oh,

diese Jahrestage! Aber es war eine eher heitere Begegnung, keine Jubelfeier, Jürgen Seifert mit einem sehr kritischen Vortrag, ein politisches Kabarett, von jungen Leuten vorgetragen, frech, mit viel Schwung, dann ich, frei redend. Es ist wahrhaft gut, hier zu leben. Immer wieder muß ich es feststellen.

12. 5. 89

Daniel Ortega auf dem Marktplatz in Bremen. Der Commandante in seiner olivgrünen Uniform, umgeben von vielen kleinen dunkelhäutigen Männern, die ihn wohl beschützen sollten. Eine tapfere, fast an alte Sandinisten-Zeiten erinnernde Rede vor einem großen, meist jungen, begeisterten Publikum, »Viva Nicaragua Libre«, im Chor skandierend, über den ehrwürdigen Platz gerufen. Dann beim Essen im Rathaus ganz Staatsoberhaupt mit einer diplomatischen Rede, ohne ein bitteres Wort über die Leute in Bonn, die unter amerikanischem Druck als reiche Fürsten dem armen Mann hochmütige Forderungen stellten, lächelnd natürlich. Hoffentlich hat wenigstens der Bundespräsident ein vernünftiges Gespräch mit ihm geführt. Ich wurde Ortega auch vorgestellt – »ein Freund seines Volkes aus Berlin...« Wir sprachen ein wenig über Ernesto Cardenal.
Die Räume im Rathaus sind immer wieder von großer Schönheit. Hinter den Fenstern in strahlender Sonne der Dom. Welch eine Vergangenheit. Es geht übrigens sehr viel lockerer und heiterer zu als in Berlin. Nur die Diener in roten Fräcken erinnern an würdige Zeiten.

Am Abend wieder in einer Schule. Das »Gloria« aus einer Bachkantate von jungen Leuten gespielt und gesungen. Danach mein »Gloria« aus »Miserere nobis«, meiner »Politischen Messe« gelesen. Danach eine lange Diskussion mit mir altem Mann über unsere Republik. Der schöne Gemeinschaftsraum ganz voll. Aber beteiligt am Gespräch haben sich nur wenige. Diese aber waren gut vorbereitet.

Aufforderung zum Lesen

Vor vier Wochen, liebe Zuhörerinnen und Zuhörer, habe ich in dieser Sendung im Zusammenhang mit dem Konflikt zwischen den hungerstreikenden RAF-Häftlingen und den Justizministern der Länder von unserem Grundgesetz gesprochen. Also von den Menschen- und Freiheitsrechten der Bürger, von den Prioritäten, die in dieser Urkunde eindeutig gesetzt sind vor allem staatlichen Handeln. In dieser Woche nun hat sich der Jahrestag dieser Verfassung zum vierzigsten Male gejährt, Zeitungen, Rundfunk und Fernsehen sind voll von Wertungen und Kommentaren. Allenthalben finden Jubelfeiern statt, die der Regierung und die der Opposition, begleitet von zahllosen Veranstaltungen, auch hier in Bremen.
Ich frage zunächst uns alle, wer hat den Text dieser Verfassung eigentlich schon einmal gelesen? Wer kennt sie wirklich? Ich habe in meiner Zeit als Mitglied von Landesregierungen dieses Grundgesetz wohl viele Male beschworen. (Es gibt ja eine Eidesinflation hierzulan-

de.) Ich habe sicher ein paar Hunderten von Beamten den Eid abgenommen, von den hochmögenden Professoren angefangen bis zu einfachen Polizisten – diese angetreten auf einem Kasernenhof. Wie viele von ihnen wußten, was sie sagten, mit erhobener rechter Hand: »Ich schwöre, daß ich das Grundgesetz wahren und verteidigen werde...« Ach, diese Texte, die man nicht gelesen hat! Es geht ja allen großen Urkunden so. Wer, von denen, die sich Christen nennen, oder welcher Hörer von »Bremen II Kulturell«, der stolz auf seine Allgemeinbildung ist, kennt das Neue Testament?
Es fängt also damit an, daß wir uns zum Lesen bequemen. Wenn die Richter im Memminger Abtreibungsprozeß den Artikel 1 des Grundgesetzes im Kopf gehabt hätten: »Die Menschenwürde ist unantastbar«, wäre diese, die Frauen an den Pranger stellende, unerträgliche Verhandlung wohl unmöglich gewesen. Die alte Klage über den tiefen Graben zwischen Verfassungsgebot und Verfassungswirklichkeit würde leiser, wenn diese einfache Grundvoraussetzung erfüllt würde: Wir alle, vor allem die Träger staatlicher Gewalt, sollten sich, ehe sie sich an ihre Schreibtische, auf ihre Richterstühle oder in die Polizeiwagen setzen, die Grundartikel aufsagen. Und wir, die Bürger und Bürgerinnen, wenn wir staatlicher Gewalt gegenüberstehen. Denn auch dieser Satz steht so lapidar wie nur möglich in der Verfassung: »Die Staatsgewalt geht vom Volke aus.« Also möglichst wenig Jubelfeiern und möglichst viel Anwendung des großen Angebotes der Freiheit unseres Grundgesetzes in der täglichen Praxis. Und da sieht es sicher schlimm aus. Da ist zuerst und besonders bei vielen, die sich für gebildet halten und den schönen

Künsten zugetan sind, der völlige Rückzug ins Private. Günter Gaus hat die Gesellschaft in der DDR als eine Nischengesellschaft bezeichnet. Jeder sitzt in seinem Rückzugsloch. Ich fürchte, dieses Bild gilt auch weitgehend für uns. Oft sieht es doch so aus: Der Arzt heilt den Kranken, aber die öffentlichen Angelegenheiten berühren ihn erst, wenn es um die Abrechnung mit den Krankenkassen geht. Der Lehrer unterrichtet Physik oder Englisch. Aber auf die Straße geht er – vielleicht –, wenn es sich um die vorgeschriebenen Höchstzahlen von Unterrichtsstunden handelt. Der Pastor hält seine fromme und rechtgläubige Predigt und achtet sehr getreu darauf, daß sie nicht allzu politisch wird. Der Richter hält sich an den Paragraphen des Strafgesetzbuches und fragt nur selten danach, ob eine Vorschrift auch anwendbar ist – etwa in den Prozessen gegen Demonstranten vor einem Giftgaslager. Unsere Versuchung, selbst in unserem Beruf – vom privaten Leben ganz zu schweigen –, möglichst bei uns selber zu bleiben, im engen, abgesteckten Raum der täglichen Pflicht, ist groß. Aufrechter Gang ist selten. Zivilcourage bleibt Mangelware. Und vor allem im öffentlichen Dienst ist meist der Vorgesetzte wichtiger als das eigene Gewissen. Aber die Verfassung – und das Neue Testament – bleiben Papier, wenn wir sie nicht ins Leben übersetzen, in unser Leben.
Vielleicht wirkt sich beim Grundgesetz bis heute aus, wie es zustande kam. Ja, nicht als eine selbständige Besinnung des geschlagenen, mit der Gesamtschuld der Verbrechensjahre unter und mit Adolf Hitler belasteten Volkes, sondern als ein in einem höchst angesehenen Kreis von ehrenwerten Männern (und wenigen Frauen)

beschlossenes Papier. Nein, das Volk war damals mit ganz anderem beschäftigt: mit dem Wegräumen der Trümmer, mit dem Aufbau der neuen, alten Existenz im Zeichen eines auch wieder von außen über uns gekommenen sogenannten Wirtschaftswunders. Wer kann es ihm übelnehmen? Eben noch in die hinterste Ecke der Völkerfamilie gestellt, geriet es nun auf die Seite der Sieger, die diese Deutschen brauchten für ihren Kalten Krieg, auf den wir uns nur allzugern einließen. Das geliebte und so vertraute Feindbild des Kommunismus stand als Schatten auch über dem Parlamentarischen Rat in Bonn. Jedenfalls ist über diese Verfassung nie abgestimmt worden, außer in Bonn und in den Parlamenten der Länder. Es war eine von oben aufgesetzte Lebensordnung für ein geteiltes Volk, daß außer der mißglückten Weimarer Republik keinerlei wirkliche Erfahrung in demokratischer Praxis hatte.

Aber es gibt auch dies: Weniger vom Verfassungstext aus als im Widerstand gegen ganz konkrete Entwicklungen zum Bösen entstanden unter dem Dach des Grundgesetzes jene Bürgerrechtsbewegungen, die für die deutsche Geschichte einmalig sind. Von dem frühen Protest gegen den Atomtod, über die leider ganz im akademischen Bezirk entstandene und gebliebene Studentenrebellion bis hin zu den großen Massen, die in der Friedensbewegung und gegen die Zerstörung unserer Welt öffentlich demonstrierten, ging hier wirklich die Staatsgewalt vom Volke aus. Wer hat für möglich gehalten, daß eine von der CDU/CSU geführte Bundesregierung heute sagt, was seit 1981 auf allem Plätzen zu hören war: Deutschland darf kein Schlachtfeld werden. Wer hat glauben können, daß Wackersdorf aufgegeben, ein Milliardenatomkraftwerk nach dem anderen stillgelegt wird und keine neuen mehr gebaut werden können. Der nächste Wahlkampf darf – so wollen es die Regierenden – um keinen Preis von den Raketen bestimmt werden. Denn das Volk ist aufgewacht und nimmt seine Freiheitsrechte, eben die Rechte dieses Grundgesetzes, wahr. Natürlich ist es noch eine Minderheit von Ärzten, die sich gegen die Folgen von Verstrahlungen und unsinnigen Katastrophenübungen wehrt. Aber es gibt sie. Es gibt sogar Richter und Staatsanwälte, Polizisten und Soldaten der Bundeswehr, sogar in hohen Rängen, die ihren Mund aufmachen. Und es gibt viele tapfere Lehrer und Pastoren. Das alles gibt uns Hoffnung. Das alles ist wichtiger als jede Jubelfeier. Das alles ist übrigens nur möglich, weil es unser Grundgesetz gibt. Der neue US-Botschafter in Bonn soll wissen: Er kommt in ein Land, in dem diese Verfassung von 1949 gilt, damals uns von den Amerikanern wie Schüler gelehrt. Wir werden sie wahren und verteidigen. Und wir werden alles tun, daß Entwicklungen jenseits der Mauer von Berlin, die zu größeren Freiheiten für das Volk führen, ernst genommen und unterstützt werden. Denn die Menschenwürde ist unantastbar. Die Menschenwürde, nicht nur die Würde der Inhaber von bundesdeutschen Pässen.

(Radio Bremen, 12. 5. 1989)

14. 5. 89

Der Hungerstreik der Gefangenen ist zu Ende. Es ist wenig zu erfahren, was schließlich zum Sieg der Vernunft führte. Und das ist auch gut so. In der letzten Phase dieses Konfliktes haben offensichtlich die den Gefangenen am nächsten Wohnenden das Wort gehabt: die Direktoren der Justizvollzugsanstalten. Sie haben wahrscheinlich pragmatische Vorschläge gemacht, die nun ohne allen öffentlichen Lärm durchgeführt werden, vielleicht sogar in Bayern und Baden-Württemberg. Wer hat nun gewonnen? Wer sein Gesicht verloren? Ach, welche Gesichter – in den Ministerien und in den Gefängnissen! Menschengesichter. Das Thema ist ja nicht vom Tisch. Ein verschärfter Strafvollzug wird ein Teil der Zugeständnisse an die Republikaner sein, bleibt Herr Kohl noch lange im Amt.
Gestern eine bedrückende Analyse der neuen Partei im Fernsehen. Ein schwitzender Demagoge namens Schönhuber mit den vertrauten Parolen von vorgestern. Von Spießbürgern überfüllte Säle. Am schlimmsten aber dies: die westdeutsche Polizei läuft in Scharen zu diesem Rattenfänger über. Das sind die Leute, die von Amts wegen und notfalls mit Gewalt die vielberedete freiheitlich-demokratische Grundordnung schützen sollen. Wir Alten haben das alles schon einmal erlebt: 1932, als der preußische Innenminister Severing sich widerstandslos den Reaktionären ergab, weil er nach eigener Aussage sich nicht mehr auf die Polizei verlassen konnte. Soll sich am Ende des Weges alles noch einmal wiederholen? Ich weiß noch, wie schwierig es war, eine demokratische Polizei aufzubauen. Ihre Füh-

rer waren zum großen Teil ehemalige Wehrmachtsoffiziere, der Nachwuchs in den sechziger Jahren junge Männer, die wirklich nichts anderes werden konnten. Ich weiß nicht, woher heute die Polizeianwärter kommen. Wollen sie nur schnell Beamte werden, um auf Lebenszeit versorgt zu sein? Haben sie Freude am Schlagen oder daran, eine Waffe tragen zu dürfen? Natürlich sind sie überfordert, immer wieder zwischen die Fronten geworfen, schlecht bezahlt. Was sollen die Beamten, die die Schlachten um Wackersdorf schlugen, heute sagen? Nun ist das umkämpfte Objekt plötzlich eine Milliardenruine. Über die Verfassungstreue der Bundeswehr ist viel räsoniert worden. Verfassungstreue der Polizei und des Bundesgrenzschutzes scheint mir wichtiger zu sein.

Am Ende des Weges

Nichts ist schöner, als mit dir in der Abendsonne auf einer Bank zu sitzen – dicht am Hause vor unserer schönen Wiese, in dem herrlichen Park ganz in unserer Nähe, im alten Riensberger Friedhof. Wir erzählen uns die alten Geschichten, von Glück und Unglück in unserem Leben, von Kindern und Enkeln. Wir sehen in die grünen Bäume hinauf, wie Dome über uns gewölbt, ins Wasser zu unseren Füßen, und sehen in seinem Spiegel den Himmel auf Erden. Wir reden mit den Enten, die ihre Jungen ausführen und sie das Schwimmen lehren. Wir hören das Singen unzähliger Vögel. Wenige Menschen gehen an uns vorüber. Sie grüßen uns freundlich.

Ein alter Mann bleibt stehen und erzählt uns, er habe eben einen Iraner getroffen. »Denken Sie, einen richtigen Iraner. Er hat neun Kinder und alle arbeiten. Ist das nicht schön.« Es ist ein großer Frieden um uns ausgebreitet.
Zu Hause am Schreibtisch liegen die Manuskripte für den Kirchentag, der in vierzehn Tagen in Berlin beginnt. Eines soll ich in der Waldbühne vortragen, diesem Amphitheater, unter freiem Himmel. Dann wird es früh am Morgen sein, am Morgen des 8. Juni 1989, in der 23. Woche des Jahres. 43 Wochen nachdem ich begonnen habe, dieses Buch zu schreiben. Viele tausend Menschen werden vor mir sitzen. Ich werde ihnen den 90. Psalm lesen und zu erklären versuchen. Diesen schönen Text von Anfang und Ende, von Leben und Sterben, von Zeit und Ewigkeit.
Lesen wir ihn laut:

Der 90. Psalm
Ein Gebet Moses, des Mannes Gottes. Herr, Gott, du bist unsre Zuflucht für und für.
Ehe denn die Berge wurden und die Erde und die Welt geschaffen wurden, bist du, Gott, von Ewigkeit zu Ewigkeit,
der du die Menschen lässest sterben und sprichst: Kommt wieder, Menschenkinder!
Denn tausend Jahre sind vor dir wie der Tag, der gestern vergangen ist, und wie eine Nachtwache.
Du lässest sie dahinfahren wie einen Strom; sie sind wie ein Schlaf, gleichwie ein Gras, das doch bald welk wird,
das da frühe blüht und bald welk wird und des Abend abgehauen wird und verdorrt.

Das macht dein Zorn, daß wir so vergehen, und dein Grimm, daß wir so plötzlich dahinmüssen.
Denn unsre Missetaten stellst du vor dich, unsre unerkannte Sünde ins Licht vor deinem Angesicht.
Darum fahren alle unsre Tage dahin durch deinen Zorn; wir bringen unsre Jahre zu wie ein Geschwätz.
Unser Leben währet siebzig Jahre, und wenn's hoch kommt, so sind's achtzig Jahre, und wenn's köstlich gewesen ist, so ist es Mühe und Arbeit gewesen; denn es fähret schnell dahin, als flögen wir davon.
Wer glaubt aber, daß du so sehr zürnest, und wer fürchtet sich vor solchem deinem Grimm?
Lehre uns bedenken, daß wir sterben müssen, auf daß wir klug werden.
Herr, kehre dich doch wieder zu uns und sei deinen Knechten gnädig!
Fülle uns frühe mit deiner Gnade, so wollen wir rühmen und fröhlich sein unser Leben lang.
Erfreue uns nun wieder, nachdem du uns so lange plagest, nachdem wir so lange Unglück leiden.
Zeige deinen Knechten deine Werke und deine Ehre ihren Kindern.
Und der Herr, unser Gott, sei uns freundlich und fördere das Werk unsrer Hände bei uns; ja, das Werk unsrer Hände wolle er fördern!